贏在

轉型力

後疫情時代與
數位化的 **15** 個人生啟示

勵活課程講師群 著

目錄
Contents

Part 1　當責篇

Part 2 　職能篇

Part 3 　斜槓篇

15 段精彩轉折人生的啟發

李良猷 　前精業（精誠資訊前身）執行副總、光寶集團 e 事業群執行長、國眾電腦營運長、V2Plus 亞太區總裁，現任羅昇獨董、北祥董事、欣興電子集團及多家公司特聘顧問

COVID-19瘟疫全球爆發，從 2020 年初迄今已經延續兩年，表面上台灣經濟似乎正面成長，但這只是因為半導體／高科技／資通訊／電子／外銷／金融等產業沒有停工，所造成統計數字的印象，實際上許多服務業遭受衝擊甚大，許多人面臨無薪假或失業危機。

而面對意外的困境，《易經・繫辭》下篇有最好的指引：「**窮則變，變則通，通則久。**」

吳芷耘手上拿的，從槍桿、粉筆到粉刺夾、精油；林美

萱體會從優秀（A）到卓越（A+）的當責；江玉翔「還是我來吧！」的擔當；黃聰濱創辦、經營培訓平台的轉型力；陳聰明兼顧化妝品 CEO 與線上課程講師角色；孔祥宇把專精的心理諮商運用到線上課程來服務；李沐錚將室內設計規畫為培訓課程；李至蕙是圍棋高手，發揮教圍棋的熱情；歐欣樺從教書到接案設計，兼作香氣芳療；張家榦從企業 HR 主動轉型成為簡報講師；年輕的李明峯熱心社會公益與環保，也是專業認證培訓師；林易璁以超過 20 年資通訊工程師經驗，轉型在人力銀行從事職涯導航；陳政杰是海產達人，兼授口才／魔術／汽球及擔任廣播主持人；陳韋霖以本身金融操盤實務經驗，傳授 LINE 社群營銷訣竅；陳詩元具備電機電腦周邊與網路資安經驗，分享理財投資的技巧。

15 位各行各業達人，15 段精彩轉折人生，匯集在課程設計平台，每一篇都是感人勵志的故事。謝謝奇想的趙祺翔大鼻老師提供書稿，讓我先睹為快，特予推薦。相信讀者可以從這 15 篇在疫情中成功轉型的實例中得到啟發與鼓舞信心，獲益必鉅！

轉型：在變動中的世界裡，
找到恆定的生命力

蘇俊誠 諮商心理師

　　隨著社會與產業趨勢的快速變遷，「轉型」已成許多當代職人不得不為的舉措。早在 2018 年，世界經濟論壇（World Economic Forum）就於其出版的《未來工作報告》指出，在未來的數年，人類世界將有七千萬個工作職位消失，取而代之的是一億三千萬個新的職缺出現，他們稱此作「第四次工業革命」。

　　往好處想，人類將從重複性極高的勞動裡解放，不再將生命圍於無止盡的反覆操作之中；另一方面，也意味著很多人可能無法繼續以原有的技能維生，而需在當代社會中重新

定位自我。

　　我曾在疫情爆發前的 2019 年參與美國國家生涯發展協會（National Career Development Association）於休士頓的年會，關於「個體如何適應當代社會變遷」的話題，被來自全世界的學者與專業助人工作者們廣泛討論。作為一位心理工作者，在其中我特別關注新世代生涯建構的三個主題：掌握專項技能、自我經營管理、以及發展合適的工作態度。

　　職涯發展是一個持續累積與漸變的過程，而在一次次的轉型與轉職之中，我們能見到成功的職人們，無論順遂與否，都讓自己在投入之中，發展出不同的專業技能；這樣的專業技能，終究成為下一階段職涯發展的重要養分與職能。

　　我常在大學講課時提醒學生，無論念什麼科系、做什麼工作，都需要思考並掌握這個專業的核心技能；因為在轉型的世代中，擁有自己核心而專業的技能，將是未來在大環境變動中生存的關鍵。

　　至於工作態度與自我經營管理，令人聯想到老生常談與

勸世金句。然而在當代，合適的工作態度實則奠基於每個人能夠探索自我內在的價值觀，找到個人真正企望透過職涯發展達成的生活狀態；而自我經營管理，更回到我們如何在生活中分配時間、運用資源來一步步達成理想。

在本書中，處處可見作者們在自身生涯發展中，反覆省思覺察與自我定位的歷程。當責、職能與斜槓，在 15 位風格與生命經驗各異的作者筆下，呈現多元的樣貌。

這不是一本提供標準解答與嚴謹推論過程的教科書，也不是那種職場生存的教戰守則；因為當代的職涯沒有標準解答，只有每個人在過程中反覆的探問、增強技能、養成習慣、創造樂趣與意義，才能在變化萬千的工作世界中，有品質的生存下去。

若你細讀 15 位作者的故事，這些有血有肉的真實經歷中，蘊藏著豐沛而令人著迷的生命力。在經歷疫情與趨勢帶來的種種變動時，這些經驗分享中的某個片段，或許就這樣突然出現在你的腦海中，提供你度過困難的勇氣與良方。

感謝勵活文化事業與布克文化，再次為身處變動時代的人們提供指引。感謝每一位作者，用各自生命故事淬鍊的省思與建議，多元而深入人心。

轉型力，就是職場競爭力

陳妍安 Ann　台灣英創管理顧問公司 首席顧問

　　職場之所以讓人又愛又恨，就是因為這裡面有太多互相牽制、無奈和妥協。每個人都希望自己有英明的老闆和神隊友同事，但前提是你必須具備微差力及轉型力；如此不僅能讓共事者覺得舒心愉快，更能成為你「遠勝他人的優勢」，可說是職場上最重要的關鍵。

　　身為企業培訓顧問，我負責的是與企業高層主管、部門長、人力資源窗口探詢與溝通：如何透過員工的成長來提升企業的價值。因為工作的緣故，我總是有非常頻繁的機會見到各種特質的職場中高層領導者與基層員工。

　　觀察過為數眾多的「樣本」之後，我得到一個結論：

「轉型力」讓你的工作表現比別人更亮眼。

即便說「轉型力是你贏過他人的優勢，而這些優勢的累積決定了工作的成敗」，真是一點也不誇大。

這正是我總結多年職場培訓諮詢經驗後最深刻的領悟。

讓我們一起進入本書探索吧！相信每看完一篇，你都會驚呼：「啊！沒錯！真是這樣！」

2022 年「活下去」必看書！

顏蕊盈　生活思邁兒雜貨 負責人

在最黑暗的 2021 年開業，

卻也在這一年精彩的活下來。

我是一家實踐心願的雜貨老闆，

秉持著一個信念「活下去」。

自己的人生由自己決定，

正是本書傳達的重要意念。

我們都知道在 2021 年的疫情肆虐之下，許多人面臨被迫留職停薪、離職甚至倒閉歇業，在家面對每個月不間斷的帳單催繳。

問題放著放著放久了，並不會不見；唯有覺察、面對、解決，才能改善現況。本書集結教育、人資、美妝、設計、餐飲、菜市場、工程師領域成功轉型的例子，印證了現在已經不再是含著「金湯匙」出生才能成為「金湯匙」的時代，每個人的人生其實都掌握在自己的手裡；想成為金銀銅鐵材質的湯匙、還是擁有魔法功能的神奇湯匙，一切取決於我們自己。

　　拜讀完這本以轉型為主題的書，你會發現，每個人都有能力成為自己心目中想要成為的人！

傳遞世代交替的薪火

黃聰濱　勵活文化事業創辦人

職場的瞬息萬變，在 2020 年的全球疫情中有了明顯的感覺；每個人都有了新的重要課題：調整自己的職場素養，去適應與面對所有波動、不確定、複雜且模糊的 VUCA 時代。

有鑑於此，勵活文化事業旗下的「勵活課程設計中心」，將企業訓練課程中最顯著的需求交叉比對後，邀請授課師資或職場達人，共同淬鍊出職場能運用的觀點或技巧。

淬鍊出來的精華，透過「勵活文創設計中心」集合成工具書籍，將有益、有用及有利的職場素養勝任力，以文字的方式傳遞給每位有需求的職場菁英們。

「贏在職場素養力系列」書籍，期許每本著作的每個文

字都能成為種子深植讀者心裡，在職場成長的過程中發芽壯大，成為實際運用的能力，適應未來的挑戰。

文字能被傳遞，智慧獲得傳承，是世代進步的薪火。「贏在職場素養力系列」願為世代交替的薪火，廣傳文字、智慧深耕，為讀者們養成職場致勝的勝任力。

Part 1

當責篇

01

拿得起槍桿、粉筆、粉刺夾的
美麗人生

當責篇─吳芷耘

　　從小就照著家人的期望一路走著走著，在因緣際會下考取軍職，在軍中一待 19 年。人生或許平順，但在吳芷耘的心中，總感覺好像少了些什麼，她不禁問自己，「妳真正的想要的是什麼樣的人生呢？」

　　年少的吳芷耘與許多人一樣，學生時代課業普普，在父母親的期待下，加上大學的閨蜜報考軍職，她也跟隨閨蜜的步伐考進空軍，「我的工作是擔任攔截管制官，負責戰機領空作戰任務。我們的基地在北部，每天在公館蟾蜍山神祕的防空洞裡工作。」

• 軍旅生活，打造堅毅面對挑戰的性格

　　戰術引導管制，是相當高壓的工作，而且需要 24 小時 stand-by，無私人時間可言。回顧那段時光，一位嬌滴滴的女生進入軍中，迎接種種的體能訓練、實彈射擊、突發狀況處置、漢光演習、各種演習訓

練等，考驗的，是妳的抗壓性及耐受度。而軍中強調「鋼鐵般的紀律」，要求軍人凡事喜怒不形於色，雖說對於個人情緒比較壓抑，卻也使得她練就更加堅毅的心理素質。

令吳芷耘最難忘的一件事，是 1996 年的臺灣海峽飛彈危機。當時兩岸戰事一觸即發，軍中的氛圍自然是格外緊張，隨時處於備戰狀態，「你必須克服面對第一線的恐懼與不安」。此外空中一旦發生墜機事件，她也須承受龐大的心理壓力。

為了想要擁有比較安定的家庭生活，第六年吳芷耘轉入軍校教職，擔任教育行政官，終於可以正常上下班；但軍中升遷管道有限，因此第十一年她又轉考軍訓教官，先後進入高職、專科、大學任職，並擔任行政主管職務，並持續進修獲取研究所學位，累積學經歷齊全的資歷。

轉入教職的吳芷耘，拿麥克風成為她生活的日常，也迫使她從一個一上台就流汗、流淚、緊張到腦中一片空白的人，逐漸磨鍊為拿起麥克風就可以侃侃而談。

軍中生涯所帶來的成就感及待遇穩定，不在話下，但職場的氛圍與軍中文化，其實不很適合吳芷耘；加上從事的工作壓力大，當時軍

中的環境也無處宣洩、排解壓力，她只能不斷自我調適，生活顯得很緊繃，甚至感覺壓抑、不快樂。

• 轉型芳療講師，進一步成為創業家

幸而，那時吳芷耘開始接觸精油。她喜愛精油的香氛，可以令自己感到放鬆舒服，所以開始接觸芳香療法，進而考取相關的國際專業證照等。「當妳準備好了，上天就會為妳開啟屬於妳的那扇窗。」當政府喊出「2023 年軍訓教官全面退出校園」的政策宣示，吳芷耘內心自問，「難道我要等到 40 歲去面對中年轉業的危機嗎？」也令她萌生轉換跑道的念頭。

於是，在因緣際會下，吳芷耘開始從事芳香療法專業課程講師，分別在醫療院所、機關團體講課。這轉變對於在軍中執麥克風 9 年的她來說，不但已很習慣，簡直就是一種享受。

回顧這段轉型之路，吳芷耘說，「我一開始的人生轉職設定，是成為一位芳療專業講師。」於是，在轉職前，自己就先擬定計畫，例如，想從事芳療講師，需具備什麼樣的學經歷背景，把藍圖勾勒出來後，便訂定執行計畫，按部就班將所須具備的專業專長及證照、經歷等等

分別考取及獲得。

　　這樣還不夠，還得做出市場差異化，必須將自己在轉職前的專長，例如軍官的養成訓練、領導統御、授課能力、群眾魅力等等融合到現有的工作職能上，便能成為自己獨特的魅力及競爭優勢。

　　但到處講課開枝散葉、累積知名度後，開始有學員、聽眾問她：「老師，您有工作室或開 SPA 館嗎？我想去體驗做療程。」學員渴求更多的互動，加上她認識了一位自美歸國的中醫師想要創業，雙方一拍即合，決定合夥於三重開設一間芳療生活館，從此開啟了她的創業之路，那是在 2016 年。

　　當年在擔任教官輔導學生時，吳芷耘就善於聆聽；如今踏入芳療產業，讓她更加珍惜人與人之間相處的溫度。「對我來說，不管外在的世界颳風下雨，客人只要踏進我們店裡，猶如展開一場身心療癒之旅。」吳芷耘期待，透過每項療程的細膩講究、五感體驗，能為每位客人帶來更多心靈的力量，「我相信香氣療癒也能成為助人的志業及事業！」

　　而客人的信賴，總帶給吳芷耘更深的滿足。像是近期店址搬遷，新店招牌都還來不及掛上、電話線尚未牽好，有些老客人竟已迫不及

待的找上門來預約，「光是聞著香氣，就能找到你們了！」「已經忍了 5 個多月沒來按摩、做臉、找妳說說話，我快悶壞了！」這些回饋，成為她開店至今最大的動力與感恩。

• 創業 5 年，不斷面臨轉型壓力

創業展店，令吳芷耘再擴大自己的人生設定目標，往經營者之路邁進，成為創業家。有了公司，請了員工，便開始有了責任，必須思考：要如何讓營運規模成長？行銷通路、客人從哪裡來？要帶給客人什麼樣的感受？如何作品牌定位？……，又再進一步對自己有了更大的使命感。

談到自己創業 5 年來的歷程，淚水與歡笑交織。最初，也是憑藉著三分衝動加一股傻勁，並沒有瞻前顧後才投入，但性格沉穩理性的吳芷耘，也是先上了一堆創業輔導課程，所有創業前該作的準備，她全都照著書本做到完備，籌備了半年多才開張。她也想清楚，自己的品牌必須區隔於一般的按摩店，主打芳香療法、身心健康議題。

但初開店，果然門可羅雀。原來店面有受到地域性的限制，原本的裝潢顯得「仙氣太重」，讓客人不敢上門；後來她逐步調整服務項

目及店面的視覺，使其「更接地氣」，客人才慢慢增多，半年後客層穩定，一年半左右，營收開始平損。

不過市場的變動實在是非常大，從到處上課累積知名度、課堂上發送體驗券、優惠券、市場發傳單、到網路行銷等等，光是行銷手法，在這 5 年間就不知變動了幾回，總是絞盡吳芷耘的腦汁。

● 疫情衝擊，加速了轉型求變的腳步

近兩年遭逢 COVID-19 疫情衝擊，實體店面所受到的影響更不用說了，長達數月，店面幾乎是零收入。當公司營運被疫情強迫按下暫停鍵，吳芷耘並未氣餒或喪志，想到自己對於員工仍有責任，她不敢休息或偷懶，反倒是積極亟思突圍之道。

她說，「在企業進入階段性穩定成長後，我思考的並不是要再展更多店，而是想導向教育領域發展。一位芳療師同一個時段只能服務一位客人，但如果導入教育‧是否就可以和更多人分享、可以教育更多人？」

因此，從 2020 年開始，吳芷耘就有了轉型的想法，將店內原本「現場服務為主、教育為輔」的經營模式，轉為「教育為主、現場服

務為輔」。而 COVID-19 疫情對她來說，就像是一具加速器，迫使她加速轉型。她心想，「我們所從事的工作，無法避免人和人的接觸；而疫情卻是要求人們保持距離，以策安全。如果將想從事的教育轉往線上教學發展，我是否就可以按照原計畫作轉型，更可以避免事業的危機？」

「條條大路通羅馬」，吳芷耘以自己的芳療 SPA 館為例，在三級警戒時期無法開店營業，時間久了，「軍心」就會渙散。與其坐困愁城，她心想，「不如我們來製作一些短影片作分享吧！」

反正現在人人都窩在家中，不如製作一些 5 分鐘的短影片，分享如何保養、如何自我按摩、怎樣放鬆緊繃的身心靈、如何芳療 DIY、以及各種芳療知識等等。這麼做，「讓客人不會忘了我們，還可以有營業現金流進來，不會只是在牆上張貼『停業』兩個字，然後憂煩不已。」

身為老闆，似乎沒有太多悲觀的權利，煩惱歸煩惱，還得對內激勵士氣。吳芷耘更在這個時期和員工積極分享轉型的重要性，讓每個人依照自己的專長特色來錄製不同內容的影片，讓每位員工樂在其中，學到新的錄製影音的知識，也找到自我的成就感。

「其實你會發現，我們的客人會默默的觀看，而且對我們是放心

的，因為他們知道：你們是存在的。」吳芷耘這樣鼓勵著員工，而原本店裡 200 多位的會員客人，也透過這樣的分享，加深對品牌的信賴度及黏著度。

疫情造成人心不安，吳芷耘心想，「我們可能捐不起『救命神器』，但我們可以做些什麼呢？」她們左思右想，做出一款含精油的隱形口罩棒，透過客人提供護理人員使用，並附上溫馨小卡片為他們打氣。口罩棒外表接近護唇膏，當護理人員帶著 N95 口罩時，可用它將精油塗抹在鼻樑、鼻翼，暖心又舒壓。

● 當責，就是勇敢接受每一天的挑戰

因為網路的無遠弗屆，完全打破了實體店面的地理位置限制。面對大環境的變化，吳芷耘的觀察是，「我覺得個人的特質及差異化將會更加重要，例如這麼多的『網紅』，不見得一定是顏值高、身材好才能紅，重點是要有獨特的個人魅力、及個人差異化特質，才能吸睛。」作為一位創業者，她也深信，處在變動的時代巨輪下，保持一成不變，就只能等著被改變，甚至被淘汰。

這時必須說，昔日軍旅生活的養成訓練，或許真的造就了吳芷耘

的高抗壓性，即使面臨事業數月沒有營收的龐大逆境，她描述起來也是輕輕帶過。

而對於「當責」，吳芷耘自己的詮釋是，「個人面對挑戰或轉型危機時，所展現的能力、毅力、決心與勇氣」。

以她的生涯來說，30歲前，她從空軍轉入軍校教職；40歲前，她離開軍中轉型為芳療講師；沒多久，又從講師轉型為創業者；創業後，她的事業幾乎每3年就得轉型一次，「沒辦法‧大環境就是變動得越來越快，不轉型，只能等著被淘汰。」而每一次的轉換，挑戰的就是你的能力、毅力、決心與勇氣。

當然，「你還是得在每個階段，靜心做出正確的判斷，然後堅定信念，認清方向，並隨時勇於做修正。」吳芷耘認為，這也是當責的一部分。

在吳芷耘心目中，她覺得當責不一定要是承擔一切重責大任、忍人所不能忍......之類的神聖使命，這樣談起來就太過沉重了，「其實當責就是『快樂的作當下的選擇』，但是當你做出選擇了，就要堅定信念，認清方向，並隨時勇於做修正。」。

像2020年COVID-19疫情發生後，吳芷耘自己就意識到轉型、改

變的重要性，她也開始積極去做規畫，開設線上芳療證照教學課程，並嘗試和大專校院做企業產學專班的合作。她隨時觀察市場的變化，大量閱讀及學習自己完全陌生的多媒體、自媒體的語言，四處取經，再進而轉化為自己的教學特色及個人風格。

過程中，40 幾歲的她也曾自我懷疑，「我已不再是年輕人，現在轉型是否太晚？想要做直播教學、甚至當網紅，我是否太老了？」種種懷疑人生、自我設限的「內心戲」，不知演出過幾回。

「但過去的軍旅生活教會我的是，挑戰自我、勇於改變。」在這樣的信念下，吳芷耘一步步築夢踏實，她知道，自己不是隨波逐流，也不是一味跟風，而是重新找出自己的定位，活出自己的如來。

• 在逆境中快速轉換心境，重新設定心念

而「當責」在現今「後疫情」的社會，將更加重要。在後疫情時代，人跟人的心的距離越來越遠，彼此大多是透過通訊媒體來溝通，人心更容易感受恐慌、焦慮、不安、疏離等情緒。

這時，你更須要以自己的心境轉化，去做最好的調整，包括「做最好的準備，做最壞的打算」。吳芷耘說，「如果沒有在 2020 年意識

到轉型及改變的重要性，積極去爭取改變的機會，或許今天的我就不會如此淡定了，而是充滿不安、甚至失敗。」

在逆境中，快速轉換心境、重新設定心念，真的不容易。2021 年年後，吳芷耘芳療 SPA 館的房東，因都更要收回店面。這個局勢，對於已面臨疫情威脅的她來說，無異是雪上加霜。

無奈下，她只能重新找地方。但景氣雖然欠佳，各處的租金不降反升；想要尋求合夥人，卻又因疫情加劇，令對方止步；千辛萬苦找到一個理想的店面，卻半路殺出程咬金「橫刀奪愛」......。「總之過程中，自己也不時會有想放棄的念頭。往年我每一年都會出國進修新知，今年也一度想過，乾脆給自己的一個大休息，每天在家追劇、睡到自然醒，享受一下宅廢的人生，」吳芷耘苦笑道。

但是，公司剛投資進了新的儀器，加上轉型的方向已定，該前進的必須前進。「這時你的心還是會慌，維持心境的平穩，談何容易？」吳芷耘只能借助自己最愛的精油、以及這幾年學習的各種身心靈療法，療癒自己，每天將內在各種恐懼、不安、自我懷疑的負面情緒掃出去，為自己補充正向能量。

終於，她還是在原店面附近找到一個不錯的新店面，雖然空間比

之前的小，她跟自己說，「既然我們現在以教學為主，現場服務為輔，就不必再執著於一、兩百坪的大空間。」轉換自己的想法後，所謂的「缺點」可能反而變為「優點」，比之前較小的空間，顯得更加「近可攻，退可守」。

• 讓員工成為夥伴，才能培養出當責的員工

不僅經理人需要具備當責精神，同時我們又要如何培養出當責的部屬、讓他們具體交出成果？吳芷耘的做法是，「讓員工成為企業的夥伴」。

以芳療 SPA 館這種服務業來說，各類突發狀況很多。這時，最怕的就是員工雖然自己本分內的事顧好了，但一旦面臨特殊狀況，人人撇責，「凡事問店長」。這樣，做主管或老闆的就很累了。

因此，平時領導者就要培養員工「榮辱與共」的心態，公司營運佳的時候，要捨得分享利潤；營運不好的時候，也要詳實告知。就像先前疫情造成的經營危機，吳芷耘也會適時讓員工了解狀況，傳遞出這樣的訊息，「我們現在是身處同一艘船上，只是剛好我是掌舵者；我們現在尋求轉型，就像是小船要換成大船，那麼誰要先上船、誰晚

點再跟上？但無論如何，我希望在轉型的過程中，每個人都要能跟上腳步。」

　　站在員工的角度，疫情造成收入陡降，加上面對店面搬遷、營運轉型的壓力，大家更須相互包容、凝聚共識。「我發現店裡的空間雖然變小了，大家的向心力更高，彼此的互動更密切，還會主動討論班表。」吳芷耘觀察道。

　　心態上將部屬當成公司夥伴，「這件事情如果換作是你，你會怎麼做？」當員工有了參與感，其中就會有部分特別活躍或積極者，變成其中的「意見領袖」，帶動團隊的氣氛；當許多意見可以非常順暢的由下往上傳達，無形之間，大家就會以「共同經營者」的角度去思考事情，與主管站在同一陣線，跟著老闆一起當責。

　　有人說過，所謂的「勇敢」，不是你不害怕，而是你明明很害怕，卻願意克服恐懼，持續前進。從執槍桿捍衛國家，到拿起粉筆為人師，再到今日拿起粉刺夾服務客人，吳芷耘肯定也曾害怕失落，卻從一次一次的生涯轉換中，勇敢前進，令自己越來越強大，終於走出一條扶搖直上、璀璨亮麗、自信美麗的康莊大道，散播美麗散播愛。

吳芷耘 小檔案

橙思香氣療癒學苑 執行長

香芙人香氛生活 spa 執行長

新北市護理師公會芳香療法
講師

長庚科技大學芳香輔助療法
課程 講師

IFPA 國際芳療學校 講師

中華民國商管協會芳療證照班
合作講師

02

當責
是 A 到 A+ 的過程

當責篇—林美萱

　　林美萱自教育大學畢業，從大學時就期許自己要成為一名出色的教育工作者；跟師範體系培養出來的許多學生一樣，林美萱也曾走進教育現場實習，但她發現自己跟小孩子實在沒緣份，也不如她的同學一樣，有著用不完的耐心與愛心。

　　林美萱說，「每個人的性格都不同，在實習的第一個月，我就知道自己並不適合成為小學老師，但其實我從來沒放棄過對教育的理想，也始終相信教育能改變一個人，教育是我此生的志業。」於是畢業後，不當一般老師，直接進入企業工作，朝著人力資源及教育訓練領域去耕耘。

　　在職場工作兩年以後，林美萱想轉入一些較大型的企業發展。大企業的體制完善，也較著重人力資源及人才培育，有助於自己提升人資方面的專業。但她發現，夢想中的大公司除了要求學經歷外，更設定語言能力作為門檻；面對求職碰壁，她發現「語言」是她現階段職涯中一大弱點。

● 走最崎嶇的路，摘到最美的花

於是林美萱決定，要在最短的時間內把英文能力提升起來。但她提升英文能力的方式並不是去補習班學英文，而是打開世界地圖，並搜尋出國工作的文章，她想把自己直接丟到國外去。林美萱笑說：「當時就憑恃自己還年輕，只想著我要做一件很難很難的事，然後就會變得很強很強。現在想起來，都會被自己的莫名迸發的勇氣和熱血給逗笑。」

很難想像一個從沒離家過的女孩子，在 25 歲時選擇離開熟悉的國土，用最簡單卻也是最粗暴的方式，強迫自己把能力培養起來。「當生存被威脅的時候，學習是最快速的。」林美萱經常告訴自己：「若再不開口說英文、再多懂一些單字，就會吃不了飯、回不了家。不知不覺中，會發現自己不論在心態或能力上，都提升非常快速。」

她最終選擇的國家是新加坡，主要是因為新加坡的治安好，不想讓父母擔心；二來是新加坡為許多國外企業進軍華人市場的基地，擁有較多的工作機會，也充滿國際化的視野與思維，若能在其中工作，會比在其他國家，接受到更多文化、能力與思想上的擴充。

林美萱從一開始就跳過所有打工度假的機會，因為她希望出國工

作的經歷，除了要對英文能力的提升有明顯成效外，更要培養出其他的軟實力。她當時對敬佩的前輩們進行觀察，發現他們不只能以專業服人，還擁有出色的業務能力，例如溝通表達、說服他人、解決問題的能力。而這樣的軟實力，是她當時積極想培養的，可以幫助她在未來達成到更卓越的成績。

於是，林美萱放棄新加坡市中心較輕鬆的工作，選擇到連續蟬聯全球最佳機場數年的樟宜機場，擔任國際連鎖精品免稅店的一線銷售員。明明自己不抽煙也不喝酒，卻跳進了完全陌生的菸酒產業，且是產品業務最複雜、客流量最高的免稅商店街一級搖滾區。對她來說，這是一個可遇不可求的絕佳機會，是一個讓自己透過高密度練習，大幅提升語言能力的機會；也是一個能學習向不同文化背景的人，進行溝通說服的機會。

• 理想與現實的落差，靠心態去補足

林美萱回憶起當銷售的日子，是非常辛苦的。門店採排班制，早班要四點起床，晚班要凌晨才能到家，穿著跟鞋一站就是八小時，內部競爭也十分激烈。當客流量進入尖峰時段，更要使出絕活，追趕跑

跳碰！林美萱說，「業績長紅的 Top Sales 不靠運氣，靠的是專業和親切，以及勤奮的態度。上一秒笑笑送走客人，下一秒轉身跑得比誰都快。還愣著呢？搶下一單啊！」

在異國生活，遭遇壓力和挫折是難免的，不論是飲食水土不服，或是一人面對挑戰的孤獨感，都讓林美萱不止一次想逃回台灣。

「當你離開活了幾十年的舒適區，到一個全新的環境，才會發現自己有多弱勢，所有光怪陸離的事情，都在這兩年內找上來。」林美萱回憶，一開始遭遇歧視時，感到萬分委屈和生氣，但後來又遇到偷竊、詐騙和性騷擾，才發現只動嘴的人，比動手動腳的人好對付多了。

月底更是業務的煎熬時刻，面對巨額業績壓力，半夜驚醒、哭泣是常有的事。「會感到煎熬其實是好事，代表對自己有要求，只是還沒培養好挫折忍耐力。」林美萱補充，「挫折沒有結束的一天，我學會的是與挫折共存。」

首先調整心態，認清自己的能力是有上限的，坦承並接受不足。接著盤點出能改變的事情，透過階段性的進步，給自己信心和力量；不能改變的事，先學習接受它。全力以赴值得嘉許，但盡力而為，才不會因過度努力而讓心態失衡。

「若事情能改善，就不值得放棄，對吧？」林美萱說，她也沒想到出國工作會遭遇這麼多困難，但發現理想與現實有落差時，正確的心態可以消彌掉負面情緒，減少負面情緒後，自然能走得更遠，也願意承擔更多責任。

既然當初做決定的自己，是百分之百的心甘情願，所以為選擇負起責任，也是剛好而已。「決心」是一種神奇的態度，它可以讓你相信方法永遠比困難多，而當責不難，先從對自我選擇的負責做起。

• VUCA 時代，學會維持動態平衡

現在的世代面臨的是 VUCA 時代，VUCA 指的是 Volatility（易變性）、Uncertainty（不確定性）、Complexity（複雜性）、Ambiguity（模糊性），簡言之，這是讓人迷惘的時代，面對世界的快速異動，每個人都充滿焦慮及不安。

透過對世代職涯規畫的觀察，林美萱發現一個有趣的點：過往時代強調「努力大於選擇」；在現今強調「選擇大於努力」；但在疫情的考驗下，開放的心態與對市場的敏銳度，將大於前述的選擇與努力兩者。

在新加坡工作到第二年時，林美萱遇到公司政策大轉彎，讓他失去原有的工作機會。「當時因國際市場的趨勢變化，加上消費族群的更迭，同時政府對免稅品的法令變得更嚴格……反正綜合了諸多原因，公司越來越難賺到錢。此時總集團做出了決定，全面放棄樟宜機場的經營權。」林美萱大笑，「你說我怎麼如此好運呢？機場的合約六年一簽，已經叱吒風雲幾十年了，結果我一去就遇到這種事！」

面對如此巨變，讓她無法如願達成在國外工作三年、且擔任管理職的目標。雖失去了大好的發展機會，但心裡對總公司的決定感到十分服氣，這是一個即時止損的明智之舉，也對於國際化集團高速變化的商業思維，又有了更深一層次的體認。

當公司決定撤場的消息一傳出，公司頓時風聲鶴唳，一想到即將被資遣，人人自危的盤算下一步。林美萱觀察到，越資深的員工，焦慮感越發嚴重，更有幾位老同事在上班時間，眼淚止不住的掉。因為他們兢兢業業的為公司付出 30 多年，公司政策說轉就轉，退休金並不足以成為餘生的保障。往外求職更顯不易，因為這 30 年其實都做一樣的工作，並未多負責新業務，或晉升管理職帶人，能力與剛入職的前 5 年無明顯差異。失去了原環境的保護，在外界的競爭力相對低落。

我們自小被教導，只要努力工作就能出頭天。但職場生態卻點醒出了一件事，努力有時候只等於蠻力，若想成功，靠的是巧勁。

「我們就像坐在一顆大瑜伽球上，必須隨時保持動態平衡，不斷調整動作和方向，才不會摔下來。」她繼續說明，「近年來技術與資訊都快速更迭，大家一定有感覺，才剛學會的東西，出不了幾年就突然已經落伍了，我們不斷的在接受新事物的衝擊。」所以最應該學習的，是與變動共存的能力，以及對不確定性的忍受力。

林美萱認為，在未來所有職業都將面臨 AI 與大數據的衝擊，職業型態也悄悄改變，如同斜槓與零工經濟正式崛起，未來還會發生何種變化，誰也不知道。唯有開放自己的心態，持續的學習並接受新的事物，才不會被市場淘汰。

• 沒有功勞也有苦勞？才怪！

林美萱出國工作遭遇的一連串意外，似乎沒有要平息的意思，在總公司決定全面撤點後，伴隨的是資金緊縮政策，其中一個是薪資結構的調整。高層主張要維護整體員工的薪資公平性，需對所有業務同仁的薪資結構進行調整，讓過去高付出高獎勵的制度被弱化。看著變

薄的薪資，團隊士氣再次被重創，銷售們怨聲載道。

當時一群來自不同國家的年輕業務，對總公司的政策感到十分不滿，組成團隊並製作前後數據對比，搭配相關佐證提出抗議。當時的主管是新加坡本地人，因為聽得懂華語，也懂華人思維，有一抗議者便直接在會議中說出了句經典的話：「我們為公司付出這麼多，沒有功勞，也有苦勞吧！」

當時主管雖愣了一下，沒有正面回應，但接下來從她的話語中，林美萱讀懂了一個訊息：「不，沒有功勞，就是沒有功勞。」

這無疑是一場震撼教育，或許你會想，「我這麼辛苦、付出了這麼多，為什麼主管或公司，還要批評我的表現，甚至減少對我的獎勵？」這樣的思維或許在重視人情味的本土企業能得到重視，但是在結果導向的外商，或是在未來的職場風氣中，將會逐漸被弱化。

當我們回歸到公司的目標與高層的角度去看待事情，不難發現大多人會重視結果多於過程。而結果不理想，會讓一百二十分的苦勞只轉化為六十分的功勞，在雙方衡量付出時，產生了直接性的落差，甚至硬生生被打對折。

• 要五毛給一塊，創造「超乎預期」的價值

疫情之下，有個笑話是這樣的：帶動公司快速轉型的，請問是 (A)CEO、 (B)COO、 還是 (C)CTO ？ 後來發現通通都不是，是 (D) COVID-19。大環境因為疫情產生快速且劇烈的變動，傳統觀念受到挑戰，這個挑戰主要來自於不得不然的企業進化，也就是我們所說的「轉型」。

林美萱觀察到，自動化及 AI 人工智慧必然取代部分的人力，且在供需變動重組的浪潮之下，人們對專業技能的界定也在變化。而首當其衝的會是職場的中階勞工，屆時人力需求分佈可能會向經濟發展一樣，呈現 M 型化的趨勢。

而在新世代工作會越來越不容易的原因，不僅僅是科技衝擊與環境變動，更是人們普遍變得更聰明、更有辦法了，我們是站在巨人肩膀上的一代，所以不能安逸於與巨人平起平坐，而是要想辦法跳得更高。過去職場強調的「負責」，已深植於工作者的觀念當中，也在過去的幾十年，被反覆討論與執行。但若想跳得更高，下一個層次叫做「當責」。

練習當責的基本功，可以從換位思考開始。例如：我能提供什麼？

他人需要什麼？重點是能從他人的需要中看見自己的責任，進行深一層次的優化。

求學期間曾有位老師這麼對她說，「進入職場請你記得一件事，老闆跟你要五毛，你要給一塊錢。」當初林美萱不明白個中道理，後來她終於領悟，「卓越的人，創造的是 "超乎預期" 的結果。」

或許有人會覺得，這不就是累死自己嗎？還會養壞老闆胃口呢！對此林美萱提出另一種見解，當責是在自己的能力範圍內，多做一點、多想一點，最終的收穫一定會回到自己身上。好的當責並不是要無限的延長工時，而是把這個任務放在心上，當成自己的事業在顧、自己的孩子在養，你就會忍不住走路在想、洗澡也在想，並且為自己能想出的優化方案興奮不已，感受自己在不斷思考和實作的過程當中升級。

• 真正的當責，是把自己當 Owner ！

具有當責態度的人，會在接到任務後把自己當成 "Project Owner"，對專案達成的目標具有野心，也照顧到工作在推進至下一階段時，是否能讓他人順利作業，甚至進一步關注，我的成果是否能讓中階主管向高階主管交代？是否能為部門或企業交出漂亮的成績單？做到這樣

的程度，才是真正的當責。

　　而要做到完全當責，其實非常困難，連一間公司的最高經營者都未必能做好。因為這不是單憑滿腔熱血就能達成的，更需要專業知識與技能的輔助，加上執行經驗的累積，才能做到自己以及他人皆滿意的程度。

　　林美萱也提醒，培養當責態度的初期，如果用太高標準要求自己，可能會因為達不到目標而感到挫折，進而不想繼續努力。可以先為自己設定每個階段的小目標，透過達成數個小目標，就自然而然的創造出好成績。

　　當責也重視持續性的優化，我們可以在每一季的季末，回頭檢視過往的成績，確定自己的工作產出，有越來越好、越來越展現當責的態度，那麼，這就是好的開始。

• 培養當責，就像Ａ到Ａ＋

　　林美萱認為，願意培養當則態度的人，一般都是具有責任心、對自己有要求的人，所以起頭不難，難的是持續成長和優化。畢竟在練

習當責的過程中，會不斷遭遇來自心理或社會的重複性挫折：你這樣做不夠當責！不夠！還不夠！

再加上初期投入，可能會錯誤施力，因而落入「我努力得半死，別人輕鬆做，結果根本差不多」時，內心多少會感到失落與不平衡。

林美萱在這邊給大家一個提醒：當責的培養，就像運動習慣，不可能一蹴可幾，而是持續性投入的過程，你會從做得普通，到越做越好，甚至卓越。它不只考驗我們是否投入努力，更是考驗是否聰明的把力氣放在對的事物上，創造出令你自己與他人都滿意的價值。

林美萱一般會用幾個問句和自己對話，當檢核自己時，你可以這樣想：

- 我對事情的投入程度，是否足夠努力？是全力以赴還是全力應付？
- 產出的過程中，是否有進行換位思考？造福了誰又危害了誰？
  同事／主管／下屬／部門／客戶……？（在此可代入所有利益關係人，越全面越好）
- 我產出的成果，是否有照顧到後續的使用者？他們是否認同我的產出是好用的？

而遇到挫折時，你可以這樣想：

- 這件事情我很努力，但確實不夠好，是哪裡出了問題？若再做一次，可以如何調整？

- 這件事好辛苦，但它帶來的學習與成長，能否幫助我未來昇華至更高層次？

- 這件事情難度太高，但我相信自己可以做到，想想還有哪些方法／資源／人脈可以用上？

　　林美萱鼓勵大家，可以先從自己的事物學習當責的心態，再昇華到能為他人創造價值。而培養當責是一個持續性的累積過程，遇上挫折或不完美，都是家常便飯。但它會為你的人生帶來更豐富的意義與成就感，最重要的是，你可以成為自己心目中那個「越來越好的人」。

林美萱 小檔案

新加坡旅人
簡報美學 專業講師
知名成衣集團 HR

03

當人們說
「還好是你來！」

當責篇—江玉翔

從小，江玉翔就很習慣凡事靠自己。

來自單親家庭的他，自小父母忙於在外工作。在外婆家成長的他，不敢多麻煩別人，無論是上學、生活，凡事盡量自己打理。孤獨，是他的成長主旋律。

• 年少便展開打工人生

年少時，網咖開始盛行，每天沒事就泡在網咖的江玉翔，玩到被網咖老闆相中，變成老闆外出時的代班櫃台。

後來網咖逐漸勢微，老闆搬走、不再經營了。當時剛好有友人在補習班打工，把他轉介去補習班，讓江玉翔因一個機緣巧合當上了自己讀書時最不喜歡的 Call Call 工讀生。

這份工讀讓江玉翔獲得很大的樂趣，自己跟補習班學生年紀相仿，

甚至當時是跟學生們一樣，他同時也在準備報考二技（科技校院二年制），自然很容易的就和大家打成一片。漸漸的，他轉型成為補習課程的帶班導師，協助一些教學行政工作，下課後仍常跟學生們混在一起打屁、聚餐。

之後他考上苗栗某國立大學的二技，開始假日往返於桃園及苗栗兩地，只為了善盡自己的導師責任；直到後期因為個人時間跟開班的課堂數減少，他只好離開補習班的工作，專心讀書。

父母雖因忙碌無暇多關注江玉翔，但心底仍是期望他擁有更漂亮的學歷，於是他決定報考研究所。一個巧合下，江玉翔考上了生物科技碩士班，走向研究單位，他喜歡動手實作的感覺，研究實作的過程很有趣。

後來經過同學介紹，江玉翔有機會前往工業技術研究院擔任助理研究員，協助實驗室負責人的實驗操作。研究所教授都放手讓他操作，但是每天窩在實驗室獨自一人作實驗，「對我而言太安靜，沒有人與人互動的感覺。我發現自己其實待不住，即使實驗等待結果的空檔只有 10 分鐘，我都會忍不住到隔壁實驗室找人說話。」

研究所畢業後，他進入男生都最怕抽到的軍種──海軍陸戰隊，

江玉翔形容，「在裡面，只有不怕苦、不怕難、不怕死三句話記在心中！」軍中生活，操得辛苦不在話下，但隊上兄弟們相處的情誼，令他久久難忘。當時隊上的「階級制度」並不明顯，學長不但不會欺負學弟，即使是操練，學長往往也都是身先士卒帶頭作，作得比學弟們更多，因此即使訓練嚴格，江玉翔也多能甘願做、歡喜受。

• 總在工作中扮演最佳救火隊

退伍時，母親問江玉翔要不要跟著她做保險，想了想，他發現自己很愛跟人聊天，有點愛講話，就一腳踏進去了。但是最後他發現，雖然自己喜歡與人相處，但一旦做保險業務，與人互動往往必須帶有目的，這就不是他所喜歡的了。

做保險時，他同時開始接觸救國團的活動。最初只是受友人的邀約去當「救火隊」，擔任活動領隊，結果越帶越上手，因為表現出色，學員們的回饋也相當正面，使得他各種營隊、課程越接越多。江玉翔感覺，帶活動只要開心純真的玩，不用帶太多想法或目的，工作之餘，也帶給他許多快樂。

當時，友人在經營火鍋店缺人手，江玉翔心想，做保險收入比較

不穩定，不如同時去火鍋店幫忙，增加收入。後來他漸漸轉為正職，如今已在其中一家火鍋店擔任店長，每天看到來吃飯的客人吃得開心，心裡也跟著開心，還可以跟客人聊天，並從中認識形形色色、各行各業的人，他發現，每個人身上都充滿故事。

或許是軍中不怕苦、不怕難、不怕死的訓練影響了他，只要責任事務分配到自己身上，江玉翔就會加倍努力、使命必達。因此，好像他的人生一路走來都不必刻意找工作，總有人來找他當「救火隊」，然後便贏得工作機會。

• 豐富人生經歷　成為講師分享養分

如今，江玉翔除了在火鍋店工作，仍持續為過往的保險客戶服務，同時身兼講師的角色。

回想他的歷程，當初從做保險業開始，每天必須主持早晨的會議，開始分享自己的人生經歷、完成 case 的成功經驗、及如何處理客戶的異議問題等，再加上他開始接觸救國團的活動領隊，漸漸發現自己絲毫不怕在人群面前展現自我。

保險業是接觸廣闊的行業，人與人之間的互動頻繁，面對人性的

複雜微妙、相關法令的繁瑣多變，相當不簡單。火鍋店店長則需要上上下下負責所有事情，無論是在員工、主管間的相處、店務管理、還有服務業工作態度的要求，甚至是從一家店最開始虧錢到後面逐漸步上軌道的種種過程，江玉翔都累積了許多經驗。

有了這些經驗，江玉翔當然也樂於將自己的故事分享給大家。於是越來越多的上台機會逐漸接踵而至，包括保險公司、學校、救國團、運動中心……，他才發現，自己也跟帶他進入這行的人一樣，開始走上了講師的道路。

作為講師，或許江玉翔的經歷還不是非常豐富，但由於在研究所就開始要上台做許多的報告，使他累積了不少的台上經驗；出社會以後，也幾乎是從事人與人互動居多的工作，當他在講課時，總是能用特別淺顯易懂及簡單的方式，讓大家便於吸收、理解。

往未來看，江玉翔認為講師跟產業的願景是互相的，作講師是將自己的經歷跟感想分享給大家，讓聽者可以少走一些自己已走過的彎路，但是這些都需要他在產業、生活上與人相處持續學習得來的經驗，才有可能再分享跟大家，讓大家一同成長。

• 面對疫情　勇於迎接大環境改變

在當前的職場，無論是個人或企業都面臨數位化浪潮，如今 COVID-19 疫情似乎更加速了數位化的腳步，逼迫每個人迎接新局。對此現象，身處餐飲業的江玉翔自然感受更為深刻。

但他認為，這些都是一個過程，從過去到現在越來越科技化，職場一直往數位化浪潮的方向前進，只是疫情讓這進步的速度更加快速，也代表學習的速度必須要更加快。每個人學習一小步，就是大環境的一大步。

因此，江玉翔滿正面看待「數位化」此一趨勢，他指出，「人人都在加速迎接新局，與其自己慢慢的摸索，還不如藉由數位化來結合大家的經驗，縮短摸索的時間，也就是集合每個人的一小步，集合成為社會的一大步。」

面對這些新的轉變及挑戰，創新力、學習力、與接受力，接下來在職場上將變得越來越重要。在職場上，若沒有創新，就沒有新的產物，那社會只能一點一點的慢慢前進。幸好，現在的年輕世代都非常具備創造跟創新的能力。

保持學習力，才能讓自己隨時了解大環境現在需要什麼。江玉翔舉例，「比如從前的人不使用數位化，現在卻普遍使用。如果不學習

怎麼用，我們會嗎？我們還是不會！要學才會，才能跟上社會。」

　　至於接受力，則是以心理層面居多。江玉翔建議，每個人都可以問自己，「我能接受一件事物跟我以往所做、所學的不同嗎？」或許你說不知道，但是，如果今天有一個人把你的工作用你沒有想過的方法完成、或是做得更有效率，你能接受嗎？或者你會排斥，尤其是當提出的人是一個年輕人時？

● 每一份眼前的工作，都能教會你當責

　　大環境瞬息萬變，迫使我們必須隨時保持充滿彈性的靈活思考力、面對巨變、挫折、痛苦時的高壓耐受力、以及勇於承擔責任、捨我其誰的心態 ....。其中，「勇於承擔全責、不推諉的心態 .」，我們稱之為「當責」。

　　一般人常分不清「負責」與「當責」的差別，從「負責」到「當責」，江玉翔認為，「負責」只是如同它字面上的意思——負起責任，把事情「做到」；而**「當責」這個說法，則是更有種「扛得起」的感覺，讓他人能將事情或工作放心的交付，不用擔心煩惱，因為「我會做得比你想像的更多、更好」。**

因此，從江玉翔的角度來看待「當責」，他認為，「當責」就是需要承擔的責任，將該屬於自己的任務完成，甚至超出。

　　而當責對他來說，從來就不是一個教條或概念，而是從年少開始的每一份工作、一點一滴累積學習所達到的一種心態或「境界」。

　　當責的關鍵，不在於工作的大小、或職位的高低，它就是一種工作心態。好比年少時江玉翔在網咖顧櫃台，那家網咖是很單純的家庭式網咖，他的責任，在老闆眼中就是收錢，但江玉翔不僅這樣看待自己的角色。

　　當年很多網咖環境、出入複雜，基於孩子的安全考量，許多父母根本不敢把孩子放到網咖去；但是他們這家網咖不同，雖然幾家網咖都位在社區的周圍，但只有他們這家網咖是附近父母的最愛，他們敢放心的讓小孩來這裡玩樂。「我自認我的責任不是收費而已，而是幫忙這些父母照顧這些小孩，讓家長可以放心處理自己的事情，最後可以安心來接孩子回家，而不用擔心孩子會學壞。」

　　念研究所的時期，江玉翔就是一直在操作實驗，包括在工研院的實習工作也是。剛開始，他也是一個口令、一個動作，每天反覆做著同樣的實驗，然後仔細記錄實驗的過程及結果，提供給教授。

做著、做著，江玉翔開始產生不同的想法。他心想，如果只是每天照表操課把實驗做完，很難有新的進展或發現，「而且說實在的，這樣做其實找一般大學生來做就足夠了，不必用到碩士生。」

他終於體會到，教授找碩士生來操作實驗的用意，不僅是「實驗」的執行，而是該進一步用心思考：「如果在過程中改變任何一個變數，是否實驗的結果也將有所不同？」

因此，成熟的碩士生的責任，是在實驗中一直不斷的嘗試，才有可能達到成功，並且在操作實驗的時候，細心觀察每一次實驗當中何處有不同，或是去嘗試不一樣的更動，是否會導致不同的結果產出。

可以說，這份工作承擔的責任絕不僅是將實驗完成，而是要做到成功、完整，甚至進一步有所突破、創新。

• 就是想聽到這句：「幸好有你！」

帶救國團的活動時，也是如此。從活動前的課程準備，到活動中買票、交通、用餐等瑣務，事事要緊盯，江玉翔從來不等委託單位來要求，總是搶先一步把事情做好。

有一次，活動中要帶小朋友去遊樂園玩。當時由於時間的限制，

有小朋友因故沒有玩到某些很想玩的遊戲，覺得相當的失望。從常理來看，其實營隊已經結束了，活動領隊的任務也算完成了；但當事後有家長特別提出請求，希望讓孩子們有機會再「補玩」那幾項遊樂設施時，江玉翔不假多想，立即首肯，犧牲個人的假期，答應帶小朋友再去一趟遊樂園，一償小朋友的願望。

就是這種「當責」的行事態度，讓許多找江玉翔帶領活動的單位，都對他豎起大拇指，並對他說，「這次活動幸好是你來！有你在，我就可以比較放心、輕鬆，反正一切你都會負責盯好。」

現在在餐飲業工作，工作更加不輕鬆！很多時候人們看到的，是餐飲業用餐時間很忙，其他時間很優，但真的是這樣嗎？其實不然，尤其是當了主管之後，江玉翔肩上背負的責任更重，凡事要想得更多。

當然，這個月店的營收不好，你大可說，「那是老闆要去煩惱的事情，才不關我的事，反正我們每個月還是領一樣的薪水。」但是店的生意若真的不好，個人又豈能安然的穩領薪水？

尤其是身為店長，雖然不必直接為資金煩惱，但江玉翔認為，店長的職責，就是必須觀察、掌握整家店的狀況，並且將店裡潛藏的問題，適時反映給老闆，「例如餐點不合客人口味、環境不夠清潔舒適、

工作人員的服務有缺失等等，全都是我們責任中的一部分。」

他還記得，火鍋店最早開幕時，很長一段時間生意欠佳，他每日與老闆兩人坐困愁城，相互打氣。那時常碰到一種狀況，就是到晚上準備要打烊休息了，卻突然有客人上門。

時間到準時打烊，原本是無可厚非，但江玉翔心想，一來店裡生意不好，客人多一個是一個；二來在這時間，客人肯定很難找到餐廳可以用餐，心下一個不忍，決定把客人放進來。有時一位客人進來之後，還沒用餐完畢，接著又一位客人進來……，總之打烊時間往往越拖越晚，也不好意思讓店裡的阿姨加班，通常就是剩他跟老闆兩個人，越撐越晚。

其實在店的鄰近，有許多深夜仍在工作的「甘苦人」，像是某位擔任貨車司機的大哥，雖然收入頗豐，但工作常常忙到一週回不了一次家門。這群夜間工作者，每每工作完，便苦於得不到一頓飽餐。幸而一抬頭，黑夜中還有一盞溫暖的燈火開著，江玉翔他們的「深夜食堂」，用熱呼呼的火鍋撫慰了多少飢腸轆轆、疲憊不堪的身體與心靈。

那段辛苦的歲月，讓火鍋店度過低谷，生意越趨穩定，如今已累計開到 5 間店，同時也讓江玉翔見識了許多人的豐富人生體驗，感觸

良多。

• 主管有義務創造當責的團隊氛圍

就是在生涯的一路上，江玉翔不自覺的逐漸培養起自我當責的心態，終於成為他人得以付託信賴的「將才」。問他是如何做到的，他說，「工作中多事多思考，不要太在意、計較利的部分，努力將自己的事情做好，做的過程中要不斷的想，怎樣做可以更加優化，把你負責的工作昇華到更高的境地。」

帶領部屬也是一樣，一開始就要讓部屬有當責的觀念。身為主管不要太在意部屬做好做壞，適度的授權及容錯，重點是要讓他當得起公司或是團隊交付的任務；讓部屬從內心了解、接受任務，之後就是全力去完成，把最好的結果拿出來！當然，身為主管需要慢慢耐心引導，不可能一下就有成果。

一般員工最常見的心態，就是「不管我做多做少，做好做壞，反正時間到我就有錢可以領，關我什麼事！」一個員工這樣想，另一個員工看久了，也會想，「他這樣還不是跟我領一樣的錢！」久而久之就會被同化，最後變成上上下下都這樣，如何當責？

江玉翔舉他們火鍋店為例，一般的餐飲業多半內場、外場工作分配很清楚，各司其職，但江玉翔的理念不太一樣，「同仁一進來，我就會告訴他們，我們的內、外場，必要時會相互支援。」

　　在江玉翔心目中，大家是一個共同的團隊，有時內場真的一時間忙不過來，而外場人員與其站在那裡乾等出菜，為何不能捲起袖子走進廚房、做些簡單的工作協助內場？

　　把自己本分內的工作做完不足夠，團隊的成果要端出來才算數，這是江玉翔不斷灌輸同仁的想法。也因為團體彼此可互補有無、把事情做好，店長也時常下場幫忙，他們這家店的人力硬是比別家店精簡了一半，而多出來的盈餘，正可以用來回饋同仁，增加員工福利。

　　江玉翔最後強調，要讓員工理解當責文化，必須有人帶頭做（例如主管），讓大家都覺得「這是我自動自發去承擔完成」，而不是「被要求」。團隊有問題，要讓員工了解，並激發他一同去解決、去完成，令全員一起感受「這是一個團隊」的氛圍，才能培養出人人當責的團隊。

江玉翔 小檔案

桃園市立桃園農工
社團講師

羊霸天下三峽店長

錠犇保險經紀人北二
業務專員

財團法人工業技術研究
院實驗室助理

國科會計畫研究員

04

三度轉型
邁向嚮往的人生！

當責篇－黃聰濱

　　有些人生活順遂，始終走在人生的康莊大道上；有的人則是一生跌跌撞撞、甚至遭逢驚濤駭浪。也許，每個人所追求的，就是生活在世間的「自我定位」──「我是誰？我能做些什麼？」

　　身處人群之中，我們則渴望獲得一份來自他人的肯定與認同。對黃聰濱來說，為了得到肯定與認同，他走了很長的一段路。

• 年少輕狂 不知節制卡債纏身

　　因為家人從事餐飲業，黃聰濱自小習慣與人打交道。從高中開始，他就在外面打工推銷 CD、錄音帶。退伍後，他進入三商美邦人壽作保險業務。

　　三商美邦人壽任職期間，外表高大挺拔、言談斯文有禮的黃聰濱頗受客戶青睞，曾獲營業處冠軍，也曾多次創造月入六位數的佳績。

但年少意氣風發的他，賺錢容易、花錢也不手軟，無意間積欠了無法承受的信用卡債。

敢於選擇收入不穩定的業務工作，他當然是對自己自信滿滿，「可惜這份自信，與自己當時的能力並不相襯，」黃聰濱自我形容，「那時候對工作的想法常天馬行空，卻不夠務實。」

比如很多業界前輩指導他，儘量到客戶家拜訪，省錢又能多了解客戶家庭狀況；但年輕的黃聰濱聽不進去，喜歡邀客戶在外面喝咖啡聊天，一開心就請客；出手大方的結果，往往就是入不敷出。但他也不以為意，總覺得，「沒關係，下個月我業績多做點，不就賺回來了！」

盲目的樂觀，讓他相信「下個月業績一定會更好」；問題是，他卻沒做出任何相對應或具體的動作或行為，去提升業績。

「我依舊是每天只拜訪兩、三個朋友，怎麼可能業績成長？」

「明明是賺取獎金過活、收入靠成交的工作，我卻用一成不變、極度穩定的行為模式去應對，也難怪越來越慘了！」

面臨卡債危機，使黃聰濱很難在正式的公司上班，人生走走停停，做過各種生意，經歷了整整 10 年的生涯低谷，才慢慢的走回正軌。

• 鬆散人生　從有了家庭後改變

當時黃聰濱改做生意，但他回顧當時的自己，工作態度還是鬆散、不夠務實。有時，明明經營了好產品如蜂蜜醋，為此全省走透透，跑遍日月潭、鹿港、大溪、安平、內灣等各地老街，銷售成績都不錯。

「但因為週末客人多，我多半只跑週末；像是平日，我原本也是可以去早市、夜市、黃昏市場之類的地方擺攤，卻常在摸魚，抱著三天打魚、兩天曬網的心態在工作，」他說道。

這種不甚積極的散漫人生，直到黃聰濱婚後要當爸爸時，才開始轉變。「為了家庭，我決定不再一味逃避債務，而是面對債務，設法還債，」同時，「擺攤人生不是未來期待，如果我想回歸職場，昔日鬆散的工作態度，我勢必得改變。」

因此，決心面對債務的黃聰濱，更加務實看待生活。「我學會有什麼、就用什麼，不再透支人生，也養成為自己預留三分餘裕的習慣。」

他同時更加精進，雖然經濟不寬裕，他善加利用各類外部資源及免費學習管道，比如報名有補助的學習課程、學習成本很低的社區大學，或是參加新北市產經大學各類進修課程等。

在這些地方，黃聰濱因結識了許多社會上的傑出優秀人士，從各個領域的傑出者身上，看到了不同的世界、有了更寬的視野。更重要的，他在這段時間認識了幾位重要的人生夥伴，才有了之後成為講師、甚至創業成立「勵活課程設計中心」的際遇。

「能夠認識這群夥伴，對我來說真的很幸運。我可以在各種艱難中，放心把『背後』交給他們，」黃聰濱如此形容，「也是他們抱持正面思考的人生態度，深深的影響、改變了我，形塑了我近年來凡事正向思考、積極解決問題的行事風格。」

• 抱持自我期待　終能低谷崛起

從一個不成功、且對自己太「寬鬆」的頹廢者，因為肯為責任與信念付出行動，逐漸蛻變為能夠對社會有所付出及貢獻的人。黃聰濱自認時至今日，他才能衷心喜歡自己現在的樣貌：一個可以被信任的人。

負債人生可說是黃聰濱第一次面臨的生涯巨變，雖然只能算人生被迫轉換跑道，談不上轉型。從過往的負債，經歷了業務工作、做生意、職場上班族、經銷商、與人合夥創業等等歷程，黃聰濱必須對越

來越多人負起責任，也促使他從不夠務實的負債人生，轉變成越加切實的正向思考；心態上則從「哪有什麼問題！」的自滿、自大，成熟到「我還能做什麼？」的審慎評估；行動上亦是追求「謹慎思考、信任為先」。

無法被信任的人，內心總是空虛的。「以前的我，就是個混蛋。」回首前塵，「不能被人信任」，始終是黃聰濱內心深處不安的失落、深切的痛。

為了「信任」，黃聰濱努力多年；他半開玩笑的說，「當初我剛成立勵活的時候，許多人叫我一聲『Ben 哥』；當時我感覺大家叫我哥，只是基於禮貌、或是因為年紀比較大。」；直到近兩、三年，當人們再喚他一聲「Ben 哥」，能夠感受到「份量」好像不一樣了，「彷彿我為對方的人生確實提供了些不一樣的思考或機會，這稱呼聽起來更像發自內心了，哈！」

問他為什麼能自負債人生重新站起來，他想了想說道，「或許是因為……我對自己仍有期待吧！所以不甘心，不願意就此沉淪。」

即使深陷谷底，黃聰濱對自己仍有期許，是一種不甘自我放逐的心情。當初他曾在菜市場打滾了許多年，看到有人在市場待久了，往

往被環境所同化，做生意風格越來越市儈、不誠懇，人也變得越加「油條」；黃聰濱常提醒自己，別同樣被環境同化了。他說，「我就是沒辦法忍受自己跟著油條……，我不願意成為自己無法接受的樣子。」也就是因為懷抱著這樣的覺察，讓他還能自谷底站起來、贏回自己的人生。

• 從台下的學生　轉為台上的講師

　　黃聰濱第二次生涯轉型，則是從面對客戶銷售買賣的獲利工作，轉型為站上講台引導與訓練的分享人生。

　　「我的講台人生，可說是從我的失敗開始的。」當年背負卡債的他，很幸運的進入台灣系統板材龍頭——龍疆國際的台中廠工作，董事長陳肇敏相當尊重員工，總經理吳聰穎也秉持「幸福企業」的理念，視員工為夥伴，經理李清池更切身示範務實的工作精神；從管理風格到經營理念，這些主管帶給黃聰濱很深的啟發。

　　更感謝的是，在公司協助下幫助他處理過往的債務問題，從此讓黃聰濱心上一塊大石卸下，終於可以安心工作。生活穩定了，他每日量入為出；唯一沒有停止的投資，就是自我的學習。

當時在林口醒吾科技大學服務的朋友林鈺純老師邀請黃聰濱去分享人生體驗，這時負債還清的他，開始願意分享曾經令他自卑的負債過往及職場經驗；事後的學員回饋讓他發現，自己的故事對他人是可以有所啟發及惕勵的！

　　為了讓自己的講台風格更為穩定，黃聰濱持續學習。在口才訓練達人李後昌老師帶領的公眾表達口才訓練班時，他結識了幾位志同道合的學友；大家都有站上講台分享的志向，因此約定每月聚會兩次，互相練習、實戰操練上台演講；也是在這時，他認識了影響他一生的講師夥伴廖宇潔老師等人。

　　一次黃聰濱去參加講座，初次聽到趙祺翔老師的分享。

　　「我當場驚為天人！」

　　觀察趙祺翔老師與學員之間生動活潑的互動之後，黃聰濱發自內心認定，「這就是我最嚮往、並且想達到的講師風格。」

　　為此刻意找到機會，真正的認識了日後影響他生命甚鉅的趙祺翔老師。

　　初次與趙祺翔老師合作，是擔任種子講師培訓的「班主任」。還算稱職的表現讓對方留下深刻印象，趙祺翔老師事後將黃聰濱推薦給

講師經紀公司，從此踏上斜槓的講師生涯。

• 精進運課技巧　是講師首要當責

剛開始當講師，「就是感覺我能證明自己了！」黃聰濱自述，「當時完全沒思考講師角色的內涵或責任，只是沉浸在講述自己故事的那種虛榮感中。」

也是在經歷過許多磨鍊、聽到多次負面回饋後，他才體認，自己講得天花亂墜沒有用，學員願意聽進去、確實有吸收才算數，因此付諸學習、逐步揣摩各種運課技巧。

他舉例，有些講師課程一開場的自我介紹，就是長篇大論的「老王賣瓜」，弄得台下睡成一片；「我現在的自我介紹越來越精簡，最重要的只是證明：我與分享主題之間的關聯，這樣就足夠。課程帶領得好，學員自然會記住我，並再主動產生連結。」他說，講師必須依靠實力獲得認同，不是單憑「講師」這兩個字。

黃聰濱認為，現代人的學習管道及資源相當豐富，而講師的責任或角色，不是單純止於傳授知識，而是要將大量龐雜的學問與經驗，透過講師個人的「轉譯」，將之轉化為系統化的知識；並且以各種運

課方式，比如透過互動對話、活動體驗、或小組交流等方式，讓學員輕鬆吸收，並實際運用於工作及生活上。

因此，「我認為講師是絕對需要實踐『當責』精神的一種工作。」黃聰濱指出，講師把課授完，是「負責」；但「當責」的講師，更重視的是如何建立學員學習動機、在意學員是否有能夠吸收、也關心課後的學員意見回饋，因為那等同於教學的成果驗收。

成就一位好講師，「運課技巧必然不可少。」黃聰濱強調，內訓講師授課環境並非都是自願學習的場合，如何讓學員產生意願更顯重要；講師對於運課的手法及技巧，必須抱持不間斷的學習態度。

「從主動學習跟練習分享開始，我大量補充了不足的知識、用理論來印證自己的過往、以專案去實踐吸收的能力，才讓自己不致空談，用持續更新的經驗帶領學員、影響生命。」

為了講台張力，黃聰濱甚至到果陀劇場學習舞台呈現，強化「唱作俱佳」的能力。他形容，「我是幸運的，個性上可以放得開，讓自己在講台上沒有包袱，盡情的表演及示範；反而因為舞台張力夠，可以更吸引學員眼神。」

加上他如今主持了一個教育培訓平台——勵活課程設計中心，更

加了解教育培訓產業的發展脈動，更有機會為課程及其他講師提出更好的觀點。

• 多元斜槓身分 完善演出講師角色

除了持續精進無止境，黃聰濱認為，「多元身分」也是講師「當責」的表現之一，「這讓自己可以更完善的演出講師這個角色。」

他舉自己擔任 1766 網路廣播主持人的經驗為例，這個身分讓他更加熟練於聲音的運用，以及結構內容的設計，因為每段廣播演出，同樣需要掌握節奏及結構，並以適合的聲音呈現。

「出書」成為作者同樣也是，因為這等於是將講師的專長及內涵精華提煉出來，成為一般大眾藉此認識講師的「最佳名片」及「領域身分」。平台欲推薦授課時，才能更有效證明講師有此專長背景。

觀察黃聰濱的講師轉型之路，心態上從「證明自己」到「為了學員思考」，行動上則是「不斷的學習進步」，因為要站在台前引領學員的自己，在「持續學習」與「職能強化」上沒有停滯的理由。當責，才能讓講師之路走得更長久。

• 晉身平台創辦人 以夥伴理念立足業界

而黃聰濱第三次的生涯轉型，則是從「重視個人發展來獲益的講師自雇者」，轉型到「背負夥伴需求並共好的平台負責人」了。

起初創立講師經紀平台時，黃聰濱的想法也很單純，「個人的精力有限，創立公司無非是想擴充經營版圖，集結眾人之力走得更長遠。」，而他在講師之路上結交的好友，便成為他創業的當然夥伴。

但他忘不了當時趙祺翔老師在聽聞他創業想法時拋過來的一個問題：「你的創新商業模式是什麼？」

是啊，坊間的講師經紀公司所在多有，並不差他這一家，那勵活課程這個平台有何特別突出之處？「新創公司的經營充滿挑戰，我要怎麼做才能超出大家的期待，並做出品牌差異化？」

黃聰濱不斷思考，擬定出公司的五年計畫，包括第一要務是衝高課程委託數，畢竟有能力承接到一年 2000 場以上的課程數量，講師們才有足夠的舞台可以發揮，產生凝聚的號召力。

第二，他希望讓每位講師在勵活課程不只得到授課機會，而是可以獲得持續深耕發展的機會，由課量較多的學校、社團、公部門課程，進階到質量較高的企業訓練，甚至發展到海外。疫情之前，勵活課程

已成功推薦、送出 7、8 位講師到海外授課與演講。

第三，從內部員工、合作講師，再到外部各邀課單位，黃聰濱視之為「夥伴關係」，追求彼此的共榮共存。因此對於講師，勵活課程期待陪伴講師們一路成長，例如每月舉辦活動，讓講師們互相交流；提供課程設計、簡報製作、出書等協助；協助開發周邊商品或其他收入。對於邀課單位，則是致力於完成邀課重要的關鍵指標、協助讓課程順利進行，成為可以被信任的合作夥伴。

以上這些思維，使勵活課程不僅僅是一家講師經紀公司，在業界的形象更為清新，能為夥伴們提供更多服務。

• 遭逢逆風　領導者沒有悲觀的權利

這兩年，疫情打亂了勵活課程整體發展步調；但幸好他們應變得快，及早開始發展線上課程，包括線上預錄及透過線上會議軟體授課，雖然業務量減少，但不至於斷頭式的崩壞；其中重要的一個信念，不是想藉機賺取線上課程獲利，而是協助夥伴度過疫情的侵襲：讓邀課單位能在預算內順利執行預定講座，完成關鍵績效指標 KPI；協助講師發展線上授課能力，獲得授課機會。在這樣的思考及努力下，轉型

過程獲得了支持與肯定。

瞻望未來，執行線上課程能力成為標準配備能力；能否熟練運用會議軟體，將影響學生的上課意願。因此，勵活課程夥伴們啟動學習計畫，比如拍攝短影片、辦理活動，一步一步教導邀課單位的承辦人員熟悉線上課程辦理。

可以說，在黃聰濱第三次的生涯轉型中，心態上已從「獲取邀課機會授課最要緊」，到「如何爭取更多夥伴信任合作更重要」，行動上則是不斷尋找及建構讓夥伴成長共益的方法。

帶領公司逆境突圍、持續成長，這是他作為領導者的「當責」之務；同時在會議中也常引領同仁思考：「我們至少要做到什麼程度？；我們還可以再多做些什麼？」因為，「唯有先滿足信任我們平台的夥伴需求，我們的營利需要才可能被滿足。」

黃聰濱認為這是對員工當責很好的思維訓練，在這種主動思考、刻意練習之下，現在他非常自豪的說，「勵活課程的夥伴每位都能充分當責，他們唯一會叫我『老闆』的時刻，大概就是發薪日那一天；平時做事都自動自發，遇到困難都會先自己處理，再回報處理結果！」

由過往負債、被迫轉換生涯跑道，到輾轉成為講台上分享知識的

講師，再到平台創辦人及公司領導與經營者，黃聰濱擺脫自卑、鬆散的人生，主動轉型，一步一步贏回人們對他的信任與肯定；也對越來越多人負起責任，實踐當責的真諦。

黃聰濱 小檔案

勵活文化事業 創辦人

勵活課程設計中心 執行長

勵活文創設計中心 執行長

企業訓練 指定講師

1766 網路廣播「潞 TALK 社」
節目主持人

勵活叢書系列 編輯暨出版人

城邦集團多本 暢銷書籍作者

中華益師益友 協會理事

多所院校創新創業比賽 評審委員

多所院校職涯輔導 專案負責人

05

領導者
須打造當責的組織文化

當責篇—陳聰明

現擔任喜徠化粧品公司 CEO 的陳聰明，談到當年投身美容美髮產業，一切有點像是「命中注定」。

「當年進入社會後，我選擇多元業務工作，但始終都覺得不盡滿意。徬徨之餘，去了廟裡拜神求籤，神明啟示要找跟『水』有關的行業。」陳聰明正苦思不解，突見報紙上有化妝品公司徵才，心想，「女人就是水做的，或許我可以做跟女性有關的行業吧。」

就這樣，他進入美容美髮產業，迄今 32 年，堪稱如魚得水般的造化。事後回想，他選擇女性相關產業是對的。

• 從經營沙龍到代理品牌，理論實務相印證

而陳聰明踏入美容美髮產業的時機，也真的是正逢其時！ 30 幾年前台灣的美容美髮產業，從業人員普遍的教育層次參差不齊，一般社

會大眾對其印象，也是「基層技術者」。「在當時的時空背景，深入了解這產業經營、營銷、服務、管理、甚至領導概念者，為極少數！」顯然這產業還存在著極大的成長空間，對陳聰明來說，就是機會所在。

陳聰明進入喜俫 & 柔多化妝品公司後，很幸運的跟了一些優秀的主管，學習許多業務推展攻略，加上他自己也積極學習，參加專家企管公司進修企業管理課程；為了加強財務知識，也進入文化大學推廣教育部進修會計。總之，他就是多方面充實自己的企業經管知識。

30 歲出頭，陳聰明就與幾位友人合開產品公司。這是第一次，他將自己從課堂上吸收的理論與開店的實務結合，相互印證。大約 36 歲時，他又展開另一層面與老東家的經營組合。

1997 年，陳聰明與喜俫化粧品公司攜手合作，成功整合，爭取代理了兩大國際品牌——Framesi 義大利雲緹專業髮品及 Sothys 法國化妝品。由於代理權遍及兩岸三地，他們必須同時在香港、廣州設立分公司，陳聰明從此展開兩岸三地的「空中飛人」生涯。

跑遍中、港、台，陳聰明深刻感受，這三地在流行文化、消費市場及技術人員的屬性等各方面，都大為迥異。「舉例來說，在台灣，美容美髮產業從業人員多為女性；但是在香港及中國，幾乎都是男性

75

髮型師的天下。」他發現在教育訓練上的差異,帶領男性員工,談的必須是目標、策略、業績數字等非常實際面的東西,而帶領女性通常較重視感性面及同理心的訴求,並且需要一步一步的耐心引導。

員工屬性丕變,對於長期以來帶領女性員工居多的陳聰明來說,是極大的挑戰,必須不斷自我調整教學方式,才能達到最佳的引導效果。

例如,他很早就開始在對岸談流行美學或是女性的種種時尚風格課程,但這些主題,男性美髮從業人員聽眾根本聽不進去也不感興趣,他就必須重新找到對方能接受的議題去切入分享。他甚至蒐集關於兩性消費心理學的書籍,為了教育男性跟女性思維邏輯和消費習慣上的差異。

長達 6 年四處飛來飛去、終日「用意志力拚酒」的工作,對於陳聰明造成的另一個衝擊是「健康受損」。長期的身心壓力及疲憊,讓他在數年間體重掉了 7、8 公斤。「這 6 年實在是太累了,2006 年時,我決定返台,重新出發。」

• 抱持提升產業使命感，奔走海內外擔任講師

返台後，陳聰明除了持續代理歐系品牌，同時協助整合了 13 家店。直到約 2009 年，因為代理兩大品牌已令他分身乏術，進而專心於代理品牌業務。

進入美容美髮產業長達 32 年，在美容美髮進口產品代理商領域，陳聰明由基層第一線業務到主管，歷練業務、企劃、財務到領導管理各層面，將沙龍專業產品結合歐洲資訊轉換成在地系統性的教育，讓美業的沙龍設計師和美容師享有專業知識、技術、美學、行銷和沙龍營運策略的教育服務。

從喜徠化粧品公司執行長代理兩大國際品牌：Framesi 義大利雲緹專業髮品及 Sothys 法國化妝品經驗，多年來在產業中的執行產品專業教育及經營講座，加上他擔任中華民國美容美髮業界經營者聯誼會會長，其間在兩岸三地開辦了許多美業沙龍經營論壇，分享行銷趨勢。可以說，這樣融合國際美學資訊、專業理論與實務經驗、且有跨三地經歷的美業講師，難得一見。

談到講師的角色，陳聰明是這麼看待的，「講師應該以傳道、授業、解惑為宗旨，需理解顧客及產業學員需求，以讓產業技術者聽懂

及學會為前提，抱持熱情的心教學，並教導學員學到會、學到懂、學到會經營，落實本業學以致用。」而他一直以來，便是如此深自期許。

談到為何他如此熱中於教育培訓，他說，「我一直是以美業升級為教育的動力，我希望讓這個傳統產業蛻變為文化產業，進而晉升為科技產業。」

陳聰明忘不了，當年初入美容美髮業，目睹從業人員的工作品質，「這樣真的需要輔導！」當時美業的教育訓練，多半只著重於技術力的提升，「問題是，你不妨問很多客人，當消費者走進沙龍，只是因為你的技術好嗎？」陳聰明深入觀察市場，認為業績的提升，與從業人員的人際力、服務力、甚至營業場所的裝潢、硬體設備等都有關聯；畢竟當顧客踏進沙龍的那一刻，追求的是五感產生記憶的連結，以及全面性的美好體驗。

面對美業現況的人力不足轉型在即，陳聰明認為，「具備國際資訊及公司教育資源，發揮有效經營管理、行銷整合切入教育訓練的廠商屈指可數。」因此他義無反顧，在內心設定願景和任務，希望整體提升整個美容美髮的素質及產業地位。

此外，陳聰明覺得自己可以做的，不僅是協助提升產業從業人員

的眼界及素質，他認為，正是因為同時具備經營沙龍的一線服務經驗，了解美業顧客的需求，因此，他想做的服務，不僅是「B2B（Business to Business，指代理廠商對美業）」，而是可以更進一步的做到「B2B2C（Business to Business to Customer）」，服務美容美髮產業的消費者。

「我們的顧客都是熱中於追求美麗的，過往消費者大多是透過媒體獲取美的資訊，但如果我們可以結合國內外業界各種專家、達人的資源，提供顧客各種關於時尚、彩妝、美髮的最新情報及流行趨勢，擴及面更加廣泛，顧客對於店的黏著度與認同感將更高，當然我們廠商也間接受惠，」他分析道。

• 預見 O2O 是美業數位轉型大未來

而陳聰明的個人職涯，也確實伴隨著美業的發展軌跡，一路轉型進化。舉例來說，他自己是由產品代理廠商，轉型為沙龍經營者、及業界講師；而在美容美髮業，技術服務及產品的銷售經營模式，也由實體通路、街邊店、轉變至以網路經濟與實體通路並行，以滿足現今消費者需求。

數位浪潮，對於世界各行各業帶來衝擊，美業自然也不例外。許

多人應該都觀察到，現在許多年輕設計師及美容師，除了實體店面的服務，並利用網路社群經營他們的會員，例如有些 20 幾歲的設計師，一個月營業高達百萬元，因為擅長經營自己的社群，累積了一大票忠實粉絲。

「如果說到現今美業的轉型，我可以直接指出，大方向應該就是 O2O（Online to Offline，線上到線下）了，我最近在演講中也都是提到這樣的概念。」陳聰明指出，通過促銷、打折、提供資訊、服務預訂等線上行銷活動或購買行為，把線下商店的訊息推播給網際網路使用者，從而將他們轉換為自己的線下客戶，將消費者帶至實體與虛擬通路。**這樣的 O2O 電子商務模式，必將成為美業的下一步。**

雖然如此，根據陳聰明的觀察，目前整體業界有此認知者，大約僅占兩、三成；也有許多人雖認知這趨勢，卻不會、也不知如何著手進行。

除了將 O2O 思維融入企業行銷，陳聰明認為**美業第二個因應大環境的轉型方向，是由單打獨鬥轉為「打群仗」**，透過業界平台或聯盟的運作，發揮團隊的力量，才足以應對外在大環境越加複雜多變的挑戰。

陳聰明所提出的規畫，也是實際上已在執行中的計畫。「我目前

正在啟動美業平台合作，結合各地區業者，大家共同在網路上建立平台共同做行銷。」他提出「美髮美容沙龍研究學院」的概念，針對年輕店長們，提供關於美髮美容技術及網路行銷等更多訓練及交流的機會；畢竟，「那些名店或大型連鎖系統也許不欠缺網路資源，但許多單店經營店家就相當需要資源整合。」

眼光總是比他人看得深遠的陳聰明指出，他的客戶中，包括全台上千美容美髮沙龍，連結及整合這些既有客戶，就有許多事可以做。畢竟，無論從代理廠商或沙龍的角度來看，數位轉型、網路行銷都是當今必須跟上、執行的趨勢。

• 後疫情時代，線上教育、直播能力為人人必備

在當前的職場，無論是個人或企業都面臨數位化浪潮，如今 COVID-19 疫情似乎更加速了數位化的腳步，逼迫每個人迎接新局。對此現象，陳聰明的觀察是，「許多變化都已經發生，例如人與人的接觸變少，消費習慣加速轉往線上。而這些變動，即使將來疫情過了，我們也不可能再回到過去。我們必須接受，現在面對的許多新事物，未來就是我們的新常態（New Normal）。」

而對於長期在從事教育訓練的陳聰明來說，首當其衝就是面對線上授課的新挑戰。因此，對現今的教育者來說。「你必須同時具備線上／線下溝通 & 教育的能力，數位化的線上教育、直播能力將成為美業人必備的能力。在這種情況下，講師具備知識型及娛樂型特質，將會更為重要。」

　　也就是說，要在線上吸引學習者的注意力，你傳授的知識密度必須更高、更精鍊，然後還必須以更具娛樂性、生動有趣的方式去表達，才能讓學習者在更易受外部干擾的環境下持續聚焦學習。

　　陳聰明笑稱，「從這次疫情發生以來，我從來沒有像這段時日這麼認真、持續的去做線上教學及服務！每個星期，我們至少在線上提供一至兩堂課。當然不只是我一人，也結合我們國內外的講師及業務夥伴們。」

　　疫情三級警戒期間，陳聰明比過往更加忙碌，企業分流上班，從內部同仁的線上視訊會議、專業教育的整合，延伸至所有客戶服務；他為線上課程所進行的前置作業，往往比實體課程多上數倍。

　　剛開始做線上課程時，許多業務反映：「客戶不習慣，也不會喜歡上線啦！」結果，「我們每次開放美容美髮線上專業教育、技術

課程，上線人數有到三、四百人。」將 2008 年喜徠公司成立的內訓 e-learning 和每週讀書會，改成線上及線下服務模式，並加強夥伴們線上的直播教育能力，陳聰明發現，這樣的積極嘗試是對的。

• 當責是對工作的承諾，並為最終成果負完全責任

大環境瞬息萬變，迫使我們必須隨時保持充滿彈性的靈活思考力、面對巨變、挫折、痛苦時的高壓耐受力、以及勇於承擔責任、捨我其誰的心態 ....。其中，「勇於承擔全責、不推諉的心態」，我們稱之為「當責」。

從基層的業務做起，年輕時就自己創業、經營公司，陳聰明對於「當責」的詮釋是，「**所謂的當責，不僅止於完成任務的負責，而是為最終成果負『完全責任』。**」而「負責」與「當責」的層次並不相同，前者是完成交付之任務；而後者**除了完成交付的任務之外，更亟思能創造新價值（成績）**。

當責即是完成「自己承諾要完成的事情」，也就是為「最終成果」負起「完全責任」，有時，事情可能有「出乎意料、超出自己掌控」的因素發生，導致成果無法達成；即使如此，當責者不能擺出一副「我

已經盡力了」、「這一切都是意外，不是我能控制的」、「我怎麼特別衰？！」等態度，依舊要負起責任：誠實說明原因，提出解釋，並且設法解決問題。

因此，當責並不是要你「不擇手段非交出成果來」，重點在於，一位工作者是如何看待自己的工作，以及如何看待對自己對他人所許下的承諾。

• 當責是一種領導者特質，但它可以培養嗎？

「其實任何一位創業者或傑出人士必定都是當責者，否則他不可能走到這一步。」陳聰明指出，「困難是難在，如何帶動員工當責。」據他觀察，傳統的企業文化使得員工覺得「老闆最大」，只想服從老闆，傾向於「一個口令、一個動作」，「其他都不關我的事」。因此，要求員工負責容易，當責太難。

陳聰明不諱言，「譬如在我的公司，9成以上的人都很負責，但是能做到當責的員工就不容易。」

他指出，「所謂的領導特質，包括使命感、當責、及對工作抱持理念。」因此當責是一種作為領導者的「特質」，那這種特質可以被

培養嗎？

「當然，**對於當責的認知，還是可以被培養，但前提是你想成為一個大將之才，願意追求 A+ 的成就，**」他說。

為了培養員工的當責心態，陳聰明總是利用公司週會及讀書會的時間，持續對同仁們進行「觀念教育」，分享其他產業的成功創新模式，希望透過潛移默化，轉變員工的思維，培養當責的認知與「好還可以更好」的心態。

理想上，我們都希望組織裡的工作者，不僅只是上班工作心態，我們真正期待的是，每個人工作是為了實踐承諾，交出成果，而且積極擔負完成任務責任。

真正的當責文化中，並非事後嚴厲的追問：「事情沒做成功，到底誰該負責？」而是在事前與工作進行中，積極且正面的對話：「誰來負責把事情做對、做好？」究竟要怎麼做，才能以正面又合理的方式，在組織裡創造當責文化，以得到期待中的成果？

陳聰明提出一種實現計畫的有效方法，即 Plan（計畫）→ Do（執行）→ Check（檢證）。當你有了目標設定，你會開始進行計畫的著手安排。建議可持續以這種循環模式在每個階段目標裡實現，一步步

的持續朝著目標前進，直到成功達成終極目標。

而當責，就是對計畫實現的每一個細節的全面關注，追求最佳成果，並為結果負完全責任。

• 過度強調個人化的組織，很難培養當責員工

此外，組織中過度強調個人特色，追求個性化的思考邏輯，如此往往只能造就負責的個人，而非當責。因此，組織中若常培養、營造團隊合作、團隊至上的氛圍，每位員工才可能透過「當責」，成就大我。

可以這樣說，**一個人很難自覺而去當責，因而需要藉助於企業文化的力量**。如果組織中每一個人都能從凡事做不好就「找藉口」，轉移到「找解決方法」、「追求成果」，每一個人都練習把自己的責任往外擴張一些，那麼無論是個人或企業，都能在市場中找到難以取代的優勢。

其實，在職場上，推卸責任、互踢皮球是人性，畢竟許多事的歸屬責任本來就不明朗、充滿曖昧空間。但是，在一個充分落實「當責」文化的組織中，每個人都很清楚：「有當責的人會責怪誰？誰都不怪，甚至包括自己在內。」

這樣的企業文化養成，有賴於經營者的細心打造。陳聰明強調，「做主管的，要透過刻意練習去培養員工的使命感，並針對當責的員工給予適度的激勵、獎賞，才能創造更佳的成果。」

陳聰明 小檔案

喜徠化粧品股份有限公司　執行長
Framesi 義大利雲緹專業美髮品牌　執行長
Sothys 法國蘇緹專業美容品牌　執行長
中華民國美容美髮經營者聯誼會　會長
台灣美容美髮產業發展協會　副理事長
台北市美容美髮材料商業同業公會　顧問
美容美髮沙龍體質改造　專業顧問
資訊工業策進會美容美髮　專任顧問
台北國際時尚藝術節比賽＆髮型秀　執行長

Part 2

職能篇

生命總是推著我去挑戰
自己原本不擅長之事

職能篇 — 孔祥宇

　　大學念的是生命科學系，孔祥宇卻在大三那年下定決心轉系，從輔仁大學臨床心理學系的大一從頭念起；從小是安靜、活在自己世界的小孩，他卻在成長後成為補習班老師與帶活動的講師；在補習班做得好好的，收入頗豐，他卻又辭掉補習班轉而報考心理諮商師證照；現在面臨 COVID-19 疫情變局，孔祥宇則轉而嘗試線上教學，開始將自己「行銷」出去。

　　每一次的生涯的轉折，孔祥宇自我形容，「似乎生命總是推著我，教我去挑戰一些自己原本並不擅長的事。」他也自其中逐步成長、自我更新。

• 大學毅然決心重考 探索人心幽微處

回顧童年，孔祥宇的母親早年在電視台擔任編劇，在他出生頭幾年轉職為老師。因為工作的關係，母親很常收到演講邀約，多數的場合，他都在一旁；另一方面，一直以來母親特別重視他在溝通表達這方面的能力，演講也是其中之一。

但事實上，進入大學前的孔祥宇，其實算是典型的「鑰匙兒童」，懶得跟人說話或交流，他的興趣大部分是很個人的，例如看小說。

大學他考進生命科學系，發現「喜歡讀的科目跟想做的事，有時是兩回事」；且住進宿舍的他，發覺自己對人其實充滿了好奇，「我喜歡與人互動，更喜歡聽人聊心事；尤其是看過身邊有憂鬱症或輕生的個案，對於人心的『痛苦』可以到達什麼樣的深度，我很想探索。」

為此，孔祥宇想要轉攻心理系，家人不太認同；到大三那年，家中發生變故，令他不願再等待虛度光陰，毅然決然的決定休學重考，也順利考進輔仁大學臨床心理系。

在輔大臨心時期時的學習很豐富，那時孔祥宇才下定決心成為一位心理師。很幸運的是，高中同學介紹他去補習班當老師，而當時的老闆也額外介紹了許多家教工作給他，讓他邊工作邊讀書，經濟上也

有了自己的資源，可以四處探索、上課、學習。

2013年從輔大畢業後，他開始思考是否要繼續補習班的工作，但直到2015年底退伍後，時隔一年的準備，他才重新攻讀碩士考取證照。

孔祥宇回憶，當他為了攻碩回輔大找教授寫推薦信，那時其中一位教授給他的回饋是：「祥宇呀，老師覺得你是個很文靜內向的孩子，不過心理師除了一對一的工作外，還要能夠帶團體、帶活動、演講。可能這方面你以後要多練習、多加油！」

「老師對我的印象有錯嗎？某部分我是文靜內向型沒錯，但當時我也累積了足以帶團體、帶活動、演講的『另一型』自己。」教授沒見到的是，大學後的孔祥宇，只要寒暑假就會去帶營隊，平時則在補習班當老師。文靜內向，已不足以定義孔祥宇。

● 自我的蛻變 失敗經驗遠多於成功

當然，蛻變的過程絕非一路順風。就如孔祥宇的自我形容，「在某些時刻，我就是會想挑戰自己的可能性。」在營隊的晚會中，每個人需要準備一支舞，四肢不協調的他，也是硬著頭皮嘗試；在補習班要上台教一群國中生，起初只能用慌亂、手足無措來形容。孔祥宇自

嘲,「這些嘗試,失敗的時刻遠遠多於成功。」

在輔大時,孔祥宇邊完成大學學業,邊在補習班工作,其他時間偶爾會有一些場合與家長、學生分享如何應對學業、生涯上的難題。

現今不論是在心理師、還是講師領域,人才濟濟。孔祥宇認為,從個人看來,與其說是成為其中的佼佼者,不如說他相信,只要願意,每個人在世界上都會有只屬於自己的位置。而他便是一步步找到自己的位置,包含講師。

「這個一步一步,是每次機會來臨時,我可以很堅定的回答:我願意。」從接下補習班的工作,到對高中生與家長的生涯講座,以及後續心理相關議題的邀約,他的心態皆是如此。

• 不一樣的心理師

作為諮商心理師及心理相關議題講師,孔祥宇的專長領域是情緒調節、阿德勒取向與物質/非物質成癮相關議題,更重要的還有生命意義的探索。有時候他也會談親子教養與教育,不過他談的不是如何「好」,而是在哪些情況下孩子會變「壞」。

比起講師,孔祥宇更多時候是心理師,他說,「心理師的特點就

是，我們說的素材很生活，但談的內容叫意義。」他並笑稱自己有種「超能力」，「我在任何的人事物上，都可以發現有趣的點。」

　　每個人都一定有自己的特色、條件，那是不需要與他人比較或競爭的，叫作「獨特」。就像這世界上有許多葉子，但沒有一片是相同的。而孔祥宇覺得自己的天賦，就是可以看見人事物的特殊之處。

　　他舉了一個有趣的例子，在他的工作中，常須輔導學校中所謂的「問題學生」。問題學生最常見的「問題」，就是在課堂上不專心聽講、拚命講話⋯⋯。問他們為何這麼做，有人會說：「不是我不想上課，是老師也沒在上課啊！他不是在議論時事，就是東拉西扯，所以我覺得很無聊⋯⋯。」要不就是說出一堆無厘頭的理由，令孔祥宇常感到啼笑皆非。

　　這些孩子，雖然是大人眼中不守秩序的問題學生，但換個角度來看，他們可能也是腦袋特別靈活、敢於挑戰體制與權威的孩子。因此，問題學生可能是特別有創意的孩子；藥物成癮的收容人，與其說是他意志薄弱而染上毒癮，說不定是他承受了異於常人的傷痛，或者只是在成癮的同溫層更容易獲取友情慰藉⋯⋯。當孔祥宇用更柔軟的心去看待與他工作的個案，並且對個案充滿好奇、積極傾聽，對方往往也更

容易對他卸下心防，因為感覺「你有走進我的生命」。

走進對方的生命，是他對於心理師這份工作的核心理念。「如果說一般心理師做的一對一談話，是個案坐一張椅子，心理師坐在他對面，那麼對我來說，我跟他是坐在同一張椅子上。」那是一個相互分享的過程，也成為孔祥宇的諮商風格。

而心理師的工作帶給孔祥宇許多聽見別人故事的機會，他從社會的各個領域得到這些故事，豐富了自己的生命經驗；講師的工作，則讓他將看見這些故事的「特別之處」，再回饋社會。

• 轉型不在於量的增加，而是類型的改變

在當前的職場，個人或企業都面臨數位化浪潮，COVID-19 疫情似乎更加速了數位化的腳步。對此現象，孔祥宇的觀察是，疫情衝擊最大者，首先是對於「公眾制度」的質疑，背後受到挑戰的是關於「自由」的定義。從宏觀的角度來看，一方面人們期待管理者可以有效的應對疫情，一方面卻渴望繼續保有過去的自由。

但嚴格來說這並非是新局，早在疫情來臨前，「外包」及「居家工作」這些工作型態的轉變，早已隱然成形。

制度的設計者通常根據「習慣」在做事，習慣就是「過去累積的型」。因此談到「轉型」，孔祥宇特別提出一個觀念，即**「轉型」的重點，不在於量的增加，而是「質」的改變，也就是「類型」的改變。**

在面對不同的工作型態時，人們可以尋找本來就與自己的型適配的，同時自己也可以調整、甚至創造出新的型。時代雖然變遷，但制度的改變永遠是為了更方便制度設計者的管理。因此，當大量的制度設計必須改變，我們也會需要創造出更多種「型」去應對。

• 數位時代的挑戰　首在合作與連結

而面對這些新的轉變及挑戰，未來在職場上，孔祥宇則指出「**合作**」與「**連結**」的重要性。

關於「合作」，其實可以看到因為專業分工的緣故，在各領域上我們原本就很難單打獨鬥，多數人會在職場上學會與不同的專業者合作。但面對相同專業者，我們還是習慣於競爭模式，意即在專業上要比別人更強，要「贏」過別人，這也是社會進步的動力之一。

但我們始終會發現，在相同的專業領域中，只有競爭是不夠的，還可以透過合作得到加成。孔祥宇舉例，同樣是講師，即使專長同樣

是心理議題領域，他一人單獨講課，跟如果有機會可以用對談沙龍的方式呈現，所帶來的效果與收益將會十分不同。線上課程也是，如果只有他自己講授，吸引力可能有限，但如果找其他講師合作，那麼彼此擁有的群眾就可以結合在一起，帶來互利加成。這點，在年輕未成名的創作族群上，更可見其效應。

再談到「連結」，孔祥宇記得，當他從輔大畢業時，導師送的祝福其中一句便是：「有關係就沒關係，沒關係就有關係。」我們會發現，疫情的影響無形中增加了人與人之間的距離，因此，怎麼在這之中去建立、維持彼此的關係，會是很大的考驗。這部分的連結，也包含專業者角色如何與大眾連結。

孔祥宇以自己為例，身為講師的他，2021年許多演講場次被取消；但他也看見在疫情期間，自己及社會大眾因為居家隔離所遭受的難題。因此他開始思考，「如果在家裡很無聊怎麼辦？」「如果在家裡待久了，家人開始爭吵怎麼辦？」等等，從這點出發，他並沒有因為疫情失去工作、或失去與人的連結；相反的，因為這樣的困難與挑戰，反而幫助他更能走入人們的生活，用他的專業所學，將他與群眾連結在一起。

甚至，他想到，2020 年想報考心理研究所的人就有 500 多人，但疫情當前，他們無法去補習班上課，曾經歷同樣準備過程的他心想，是否可能透過線上課程協助這些人準備考試？如此，抱持著助人的心態，卻也同時為自己的生涯找到另一個出口──發展線上課程，等於也幫助了自己。

　　「我說的這些其實也不是我獨創的，這是阿德勒心理學的核心概念，叫做『社會情懷』；在阿德勒取向中認為，社會情懷是人所面臨的痛苦與困擾的唯一解藥。」

　　整體心理學之父阿德勒（Alfred Adler）認為，個體的人格往往會遵循一個「生命風格」，朝著確切的目標邁進，並希望對所屬社會群體有所貢獻。身心健康的人，追求的不是與人競爭、不斷勝過他人，而致與人越來越疏離；相反的，他追求的是超越有限的自己，與人連結、回饋社會，希冀對社會有所貢獻，這就是所謂的「社會情懷」。

　　從阿德勒的「社會情懷」出發，個人的「轉型」或「學習」，就有了更清楚的方向感。

• 每一次轉型，就是一次成長的躍進

回顧自己一路走來的生涯發展，孔祥宇自認經歷過三次重要的轉型。

第一次重要的轉型是大學重考，重考的經驗讓他從原本的世代「脫隊」，沒有跟同年齡的人一起畢業。但也因此，讓他學習到什麼叫做「自己」管理規畫自己的生活。當時孔祥宇邊工作、邊讀書，邊嘗試著腦袋中種種規畫，用各種經驗去豐富生活，「這是從過去學校教育、社會文化給我的『型』，長出一種新的自己的『型』。」

第二次的轉型，是他辭掉補習班的工作、到攻讀碩士拿到心理師證照。從有穩定習慣的收入來源，轉變到需要耗費大量時間、金錢，但也確實改變了孔祥宇的思維與看事情的方式。

還有第三次轉型，就是 2020 年的 Covid-19 疫情，讓他重操舊業當起老師，開始規畫線上課程。這次的經驗之所以重要，不僅是專業上的成長，還包含學到一個重要的人生態度，就是「站出來」。有別於以往被動性的接受演講或工作邀約，這次孔祥宇體會到，「當我願意站出來去展現自己時，才會有機會上門。」

有人說，當上班族夠累了，有時還要捨棄自己原本擅長的，重新學習新技能，相當困難。但是對孔祥宇來說，「原本擅長的技能」跟「新

技能」，兩者並不互斥。

他舉自己的工作為例，多數的時候是原本擅長的工具暫時用不上，因此需要尋找新工具。例如過去孔祥宇在原本生命科學系所學，他暫時不知道怎麼用，所以重考；但當他重考大學後，原本所學卻成為他在補習班工作的資本，他可以教生物科。

又好比他作為心理師，所學習到的大部分都是一對一諮商、或以諮商的方式進行團體治療；但演講、授課是他過去在補習班所學會的，後來又可以再拿出來，運用於心理相關議題的講師工作。

孔祥宇認為，過去的專長不該是被拋棄的，而是可以與新的專業所學結合在一起；就算當下不能結合，也只是暫時，或許哪天就會再用上。忘記自己原有的專長、又想去學新的，那是「邯鄲學步」，若仿效他人，未能成就，搞不好反而失卻自己本來面目，弄得連路都不會走了。

• 怎麼學不是問題，重點在於運用所學

職場上也不乏證照一大串、或每天忙於趕場上課的學習狂熱者，但他們的職場成就好像也未必更高。「職能提升」是否該更有「方向

感」？

比起方向感，孔祥宇認為，「重心在於如何組織」。所謂的學習狂熱者，要問自己學習的目的是什麼？如果是為了增廣見聞，那麼多看、多聽都很好；但如果是為了職能提升，可能就得多思考一下。

所謂的多思考，不單是思考「學什麼」，更包含如何「運用所學」。學而不用，就像是你買了很新的工具、器材，很厲害，但只是擺在那裡當神像。**上課、閱讀皆是如此，能夠從學到用，才是關鍵。而如何從學到用，就得扣回「轉型」這概念。**因為舊有的工具有舊的用法與習慣，當新的工具進來，必然要以新的工具與習慣去對應。

孔祥宇認為，現今這世代所擁有的學習資源太豐富了，學什麼都很方便，學習不是問題，每個人都具備相當多的學習機會。可是如何組織這些學習，就是個人能展現的特色與創意所在。

如同前文所述，職能的提升並非只有「量」的增加。通常我們說的技能種類、證照的增加、時數累積等等，這些都是量的增加，是一般人習以為常的思維。但大部分的人並非學習沒有效率，而是當要運用時卡住了，所以達不到效果。既然達不到效果，又何來效率呢？

因此，談到學習效率，關鍵還是要練習如何去運用，因為使用了，

才有機會去找到「怎麼用比較有效」，而這「有效」也因人而異。例如同樣是心理師，在面對疫情衝擊時，孔祥宇可能選擇開設線上課程，去增加跟群眾的接觸，但這做法對其他心理師不一定適合。

在擁有相同技能條件下，有人可能可選擇用諮詢的方式，有人可能用錄製節目的方式。但哪個方式最適合？不知道，因人而異，一切等試了才知道。

總之，職能提升是為了對我們的生涯發展提供助力，將人生推向更美好。整合前文所述，孔祥宇共提出「三大原則」及「一大精神」。「三大原則」是指：

1. **舊技能翻新**：不要急著否定自己已有的能力與專長，而是嘗試以不同方式去展現它、更新它。

2. **新技能多用**：新學習的技能不必問「有沒有用」，而是思考「該如何用」？要多去使用它，用了才知道可以怎麼用。孔祥宇相信，所學既然存在於世，必然有其價值。

3. **站出來分享**：勇敢的去分享你的所學所知，機會才有機會來敲門。

而「一大精神」就是阿德勒提出的「社會情懷」，孔祥宇強調，人沒辦法獨立存在於世，我們越是學得專業，越是要仰賴社會人群；

而專業也唯有在對社會、社群有貢獻時，才顯出其意義。

孔祥宇 小檔案

諮商心理師
TSAP 成癮諮詢認證
心理教練

傾聽自己
內在的聲音

職能篇 — 李沐錚

　　她曾是傳統電子產業的嬌嬌女，在父母的期待之下，與先生一起承接家業；她也曾銷售過房子、擔任系統家具的業務員，現在則成為廣受客戶歡迎及業界肯定的室內設計師。一路走來，這段「找回自己」、成就夢想的路，漫長且艱辛，但李沐錚始終咬緊牙根不後悔，為的就是「傾聽自己內在的聲音」，忠於內心的渴望。

　　「我是家中的三女兒，我們家是傳統的電子加工廠，父親很保守、而且很有堅持，但我從小就是那種……比較有自己的想法、比較堅持己見的小孩。」李沐錚這麼回顧自己的家庭。就跟許多台灣傳統產業的老闆一樣，她的父親也總是希望孩子能回家幫忙，繼承家業；因此在高中時，父親就安排女兒去就讀會計科。

● 一次次在興趣與家庭責任間拉鋸

　　然而，李沐錚在會計科讀得辛苦。她喜歡畫畫，喜歡美的事物，李沐錚回憶起高中那段生活，「雖然不喜歡，我還是聽爸爸的話去讀會計，但是你知道，會計是很硬的東西。」每每在往返學校的校車上，她看到讀設計的同學及學長姐們，手上帶著琳瑯滿目的作品去學校，心中覺得喜歡又羨慕，她也希望自己能跟他們一起，做自己喜歡做的事情。

　　一股意念因此而生，李沐錚終於鼓起勇氣，不再是順從父親的想法，在高二那年，她轉到了廣告設計科。儘管是掀起了一場家庭革命，卻也因此找回了內心的渴望，她的潛能得到徹底的解放，也讓師長同學看到她的熱忱，轉系後在很短時間內，她就當上了美工組長。

　　「那是段開心的日子，在學習設計的同時，我也開始參與學校的社團，學習怎麼成為領導者，怎麼帶幹部，怎麼把大家組織起來，去完成一個活動，真的很有成就感。」李沐錚說：**「我願意，我敢，那我就不怕阻撓，去做我想做的事、喜歡的事」**，就是這樣的信念，對她後來的人生，產生了莫大的影響。

　　高中畢業後，基於孝道，李沐錚回到家中幫忙。但是她並沒有放

棄自己的設計魂，白天在家裡的工廠工作，晚上則回學校念設計。那段日子，李沐錚回想起來其實非常辛苦，晚上下課回來，常常得要徹夜通宵的做作品，然後隔天早上八點繼續上班。雖然苦，但李沐錚卻覺得很快樂；並且以第一名的成績，完成了她的專科學業。

又一次畢業，又一次的面對興趣與家庭責任的兩難……。這時李沐錚有了男友，她的父親更希望小倆口能趕緊安定下來，共同承接家裡的事業。這一次，李沐錚選擇了家庭，跟男友結婚，然後乖乖回家工作。

這段期間大約有 4 年多，李沐錚負責工廠帳務及客戶聯繫的工作，而先生是廠務主管，安排生產、完成品管等；兩人把公司經營得有聲有色，還有了小孩。這一切看起來似乎很圓滿，但其實私底下卻是暗潮洶湧，因為傳統產業的長輩們總是比較堅持己見，不輕易接受改變，在年輕人經營事業時，經常會忍不住出來指指點點，往往造成彼此的衝突。

衝突一次又一次爆發，彼此間的歧見也越來越深，李沐錚身處父親與丈夫之間成了「夾心餅乾」，往往承擔了最大的壓力。終於，這樣兩面不討好的生活有一天走到了臨界點，李沐錚與先生決心離開家

裡的工廠，帶著孩子去過自己的人生。

• 銷售房屋　對設計的渴望卻悄悄萌芽

「這又是人生另一個挑戰，雖然也是業務的工作，但是經營的產品完全不一樣，我跟我先生一起去賣房地產。」就跟以前一樣，李沐錚跟先生再次全心投入新生涯。因為孩子還小，他們甚至得帶著女兒去工作；貼心的女兒會在路上幫忙發傳單，陪爸爸媽媽去拜訪客戶，甚至去了幼稚園，還會幫忙把父母親的名片發給同學跟老師……

有幾次，李沐錚遇到的是在社會金字塔頂端的客戶，在她向客戶介紹房產的時候，對房屋設計的室內美學開始產生了悸動；在她的內心深處，重新拿起筆來畫畫的想法，逐漸浮現。

她還記得一位要購買店面的客戶，是準備開才藝教室的班主任，當時他對李沐錚說過一段話：「任何一項事業，賺錢是基本，但最終還是要回歸心中的本質，你要清楚知道什麼是自己想要的。」

客戶的這番話，困擾了李沐錚一些時日，她一直思考，賣房子是她真的想追求的嗎？一個月後，這位主任回來找她，她以為要成交了；但這位主任對李沐錚說，他有其他的考量，所以不買了。雖然李沐錚

內心極為失望，還是問這位主任，是否需要介紹其他的物件？但主任說沒有需求……

為此，李沐錚失落了很久，也很困惑為什麼與客戶相談甚歡、卻沒能成交。但兩個月後，這位主任突然帶著 20 萬元來到公司，說他已經談妥一個店面，希望能在房屋公司的安全機制下完成簽約交屋等程序。李沐錚內心充滿驚喜，簽約完成後，主任甚至對她說，「因為妳不厭其煩的耐心，讓我一直記住妳。」

爾後，李沐錚不停思索著、反問自己，「這不厭其煩的耐心，能支撐我多少歲月、多少時日，能否壓抑住我心中另一個躍動的自己？」

在一次機緣中，李沐錚遇到一位經營系統家具的老闆，在互動的過程中，她發現原來家具 透過設計，將居家環境改造得更加溫馨、更觸動人心。這時，李沐錚內心的設計魂開始擾動。

「難道妳一輩子都要賣房子嗎？賣房子是妳能一直滿足的事情嗎？」雖然在房地產界已經有了不錯的人脈及客戶圈，但李沐錚確定，銷售房屋跟當年讀會計一樣，都不是她喜歡的事情；她決定聽從自己內心的聲音，跟著悸動的感覺走。

• 找到轉變自己命運的契機

她踏入了新的工作圈，即系統家具第一品牌——歐德系統家具直營連鎖店。李沐錚很感謝公司學長制的訓練制度，幫助她很快就進入狀況。

雖然李沐錚讀書時學的是設計，但其實她已經離開設計很久了，這領域有許多東西她得重新學習，例如她學生時代的設計都是手繪圖，但現在的設計都是電腦繪圖，這就是她必須重新學習的一個重點。

而之前在房地產業的銷售經驗，也幫助她在跟客戶溝通時，能更精準的切入主題，知道客戶的需求。但她覺得很重要的一點，是要能完整了解生產線的製作過程，才能掌握家具設計的精髓。

李沐錚說明，也許一般人不是很了解系統家具的業務工作，因為每一套系統家具很難得會長得一樣，即使外表看起來很像，但因為每個家庭的需求跟面積不同，尺寸也會不同。所以每接到一個案子，業務就必須把設計圖畫出來，一個環節接著一個環節的去跟客戶溝通，當客戶確認業務的設計後，業務再回到工廠，請生產線將家具作出來。

還不只如此，家具做好後，還得把家具搬到業主現場，安排工班師傅們去組裝，這也是一個複雜的協調跟溝通過程，因為絕對得依據合約

上的條件跟日期完成交貨；只要一個環節出了錯，就不能順利完工。

於是，李沐錚直接踏進了系統家具的製造工廠，她每天早上六點就得從龍潭開車到五股；原本一個小時就能開到，但在這段上班的交通尖峰時間，她必須花上兩個小時。不只早餐要在車上解決，她常常開車開到太過疲倦而打瞌睡，還得靠左手捏右手、右手捏左手來提神。李沐錚開玩笑的說，「我把開車當作是種鍛鍊，鐵皮屋工廠夏熱冬冷的環境，也成了我瘦身的最佳環境。」

因為業務就是設計，為了要盡快全面性的了解家具製程，李沐錚總是早上六點出門，晚上十二點多才回家，幾乎每天都是如此，所以開車時經常精神恍惚。她記得有一次，大約已是夜晚十點半，在回家路途的一個彎道上，不知是光線太暗、讓她視線模糊了，還是太過疲倦而走神了，原本應該轉彎，她卻直行……然後她的車衝進了稻田裡。

夜晚中突如其來的撞擊聲，驚動了附近的住戶，車內物品彷彿在稻葉中翻滾著；當車子停下來的那一瞬間，李沐錚才發現，自己的車子已完整的停在稻田中。在她打開車門的第一時間，腦中只有工作的她，卻是喃喃自語的說著，「協理，我明天不能去上班了，因為我和我的車都掉進田裡了。」

• 錯誤中學習，學習中精進，精進中成長

一開始，李沐錚的設計難免會出錯，因為設計錯誤而產生的損失，例如重作家具的材料錢跟工錢，都是業務自己要負責；又例如設計定案前沒有跟客戶溝通清楚，造成客戶不滿，客戶要求減免款項，這些損失也是自己要負責。

所以剛開始的幾年辛苦極了，白天時候，李沐錚要拜訪客戶，到工地監工；回到工廠要盯著生產線如期把家具生產出來，尺寸不能出錯；晚上還要畫設計圖，自己承擔設計失誤的風險。李沐錚形容，剛開始的前兩年，她從錯誤中學習了許多。

「做錯自己賠，聽起來好像天經地義，因為承擔錯誤本來就是應該的，但賠錢讓人覺得好痛。」李沐錚苦笑著說，為了減少損失，她只能把每一次的錯誤記錄起來，避免未來再犯下同樣的錯誤，她說，「更正錯誤的過程就是一種學習，學習下次不會再犯同樣的錯誤。」

隨著案子越接越多，除了減少設計上的失誤，李沐錚發現，她需要更寬廣的視野，提供客戶更新穎、更打動人心的設計。

更進一步的，即使工作再忙，她也會抽空去參觀國內外各項展覽，觀摩其他設計師的作品，接觸不同的設計元素，找機會閱讀室內設計

的書籍，甚至去上課，學習相關的工藝，不斷的去精進自己。在能力成長到一個階段以後，李沐錚終於成立了自己的公司，提供客戶從設計到家具製作到工程完成「一條龍式」的服務，也深受好評。

• 一期一會，將每一個案子當成作品完成

談到自己為人處世的態度，李沐錚認為，**「心態要正，服務要誠，將心比心，服務客戶時的態度，要當成是在服務自己。」**心態要正，才能在你在經營客戶的過程中，始終保持正確的態度，這樣的態度能讓別人更加信服你。

另外，李沐錚在面對每一位客戶時，都秉持一個原則，就是**「設身處地，將心比心」**。無論客戶是要裝潢自己的家、店面、或是辦公室，對客戶來說都是大事，「但客戶並不專業，所以才會找我來設計，我不僅要站在設計師的立場提供他們專業的服務，更要站在客戶的角度，去理解他們真的需要什麼。」

當然從一個家具廠的業務，到如今成為一位成功的設計師，一路走來步步艱辛。李沐錚曾經遇到不講理的客戶，或許覺得女設計師不專業，即使李沐錚處處退讓，以最大的誠意去協調，但客戶還是一直

刁難；李沐錚求助無門，甚至一個人躲到車上偷流眼淚。

孟子說：「天將降大任於斯人也，必先苦其心志，勞其筋骨，餓其體膚，空乏其身，行拂亂其所為，所以動心忍性，增益其所不能。」李沐錚正是如此看待種種磨難，「無數個小案子的累積，換來的是成功的基石；無數個錯誤，成就了後來完美的呈現；無數不合理的刁難，造就了現在勇敢的我。」

雖然這一路走來的艱辛，不足為外人道，她卻感謝這些無數不合理的刁難，造就了現在無比堅毅的自己。

• 不忘初心，可以把路走得更寬廣

雖然人們常說，「好、還要更好！」但李沐錚一直覺得，在她的專業領域裡，她永遠不夠好。她說，在設計這行，工作者永遠不能停下來，一停下來，很快就會被超越。而在其他行業也是一樣，她認為，**「世界一直在變，趨勢也一直在變，你必須一直讓自己再進化，與時俱進，與時間賽跑。」**

因此，即使李沐錚現在已是頗受肯定的設計師，她依然不斷的**「停、看、聽、學、教」**，停下來休息的時候，不忘看看別人怎麼做，

聽聽別人想怎麼做，學學別人正在怎麼做，然後教導客戶可以怎麼做。她從不藏私，努力將客戶的理想，像拼圖一樣，一塊一塊拼出實際的樣貌。

回首來時路，李沐錚也有失落。在她努力成為一位設計師的過程中，其實曾經歷許多困難，尤其是沒有時間陪伴孩子。無數個日子，她從白天忙到黑夜；孩子們終日問：「媽媽呢？她怎麼還沒回家？我要去睡覺了，爸爸你幫我跟媽媽說晚安。」

從系統家具業務轉換到室內設計的跑道，這一段時間李沐錚格外難熬，因為她努力闖事業，孩子彷彿沒有了母親；後來婚姻畫下句點後，她意識到自己必須改變，必須更加前進及成長，轉型成為更好的自己，在後來的日子裡自然越加忙碌。

那時的李沐錚，只能一邊忙於工作，一邊帶著孩子；她成為家中唯一的支柱，告訴自己，「我要站得直，站得堅定，不能有所搖擺。」

她回憶，那段日子剛開始的兩、三年，她母代父職，白天必須專注於自己的公司，專注於服務公司的客戶，而剩餘的時間，則全部給了孩子。跟一般的全職媽媽一樣，她同樣得趕著下班回去做晚飯，做完晚飯後做便當；要陪伴孩子，等他們睡了，才又回去工作。

但也因為孩子的陪伴，彼此相互打氣，雖然徹夜工作成了日常的工作模式，但也激起了李沐錚持續學習、永續成長的動力，加深她讓自己更好、更上一層樓的決心及毅力。李沐錚期待，在孩子成長的每一階段，再也不缺席。

　　如今孩子逐漸長大，然而母子之間仍然維持著極為緊密的羈絆。在一次聚會中，李沐錚上台分享了自己身為單親媽媽的甘苦，以及自己心境的成長，感動了許多人。後來，有些團體邀請李沐錚去演講，她也從這樣的分享中找到自己另一種人生價值，「原來我可以幫助別人，走出一些人生的陰影。」

　　甚至，她也樂意成為一位志工，去輔導一些單親家庭的孩子，讓他們找到人生的目標。這也是她一直以來的人生態度，「服務別人，就是服務自己。」

　　回顧過往，自己曾經反抗，最後回歸家業；而後轉型，從房地產仲介，到系統家具業務，到室內設計師，到單親媽媽，到未來可能的講師及志工。李沐錚形容，「我想做自己的事，卻難免受到外在的牽絆；當我終於能夠全心全意去做自己時，又失去了另一些極其珍貴的東西。」

不過，人生無完美，但求不悔。李沐錚與大家共勉，「人生難免有得有失，重要的是珍惜每一次緣份，珍惜既有的每一個人、每個事物，堅定而沉穩的去努力、去累積，不放棄任何學習的機會，懷著誠意及正心去服務別人，在專業職能的增長中，也能更加堅定自己，在人生的路上求取成功。」

　　原來，我們不曾落後或領先，在命運為我們安排的時區裡，你的一切都準時。

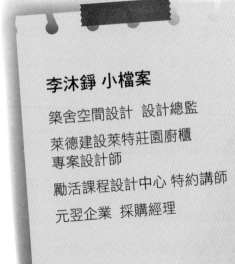

李沐錚 小檔案

築舍空間設計 設計總監

萊德建設萊特莊園廚櫃
專案設計師

勵活課程設計中心 特約講師

元翌企業 採購經理

08

對世界保持
無盡的好奇心

職能篇 ─ 李至蕙

　　畢業於臺灣師範大學國文系的李至蕙，沒有如一般人認為理所當然的進入校園當教師，但她對於教育的熱忱並無稍減，只是選擇了在體制外追求一個更加自由、更能實現自我理念的教育環境。

　　望著眼前這位外表清秀嫻靜、說話語調輕輕柔柔的女生，緩緩道出她對於教導學生的理想與快樂，不禁覺得，或許校園少了一位好老師，但李至蕙正在你看不見的地方，認真散發她作為一位師者的光與熱。

• 黑白棋間的心靈對話

　　在談作為老師的李至蕙之前，先聊一下「棋手」李至蕙，畢竟圍棋是她生命的主旋律之一，對她的生涯影響頗深。

　　小學一年級時，李至蕙的媽媽開了一家才藝班，請棋院的外派老

師前來授課，那是她接觸圍棋的契機。她的啟蒙老師上起課來幽默風趣，將黑白棋擬人化，結合圍棋技巧和術語，串成故事講給這些小朋友聽。

當時周遭學圍棋的同學都是男生，有些比較調皮的會在上課時講話或動來動去，老師就會嚴肅的告訴他們：「如果你想成為高手，就要先學會靜下心來，有禮貌、守秩序，給予你的對手基本的尊重。」

當年年紀還小的她將圍棋老師的提醒記在心裡：對弈時不要講話、腰桿挺直、還沒輪到自己下的時候手要放腿上，端正的坐姿，是良好態度的養成；「手談」是下圍棋的雅稱，雙方安靜的在棋盤上落子，藉由黑白棋進行無聲的對話，相互交流自己與對手的心境和想法，那樣的氣氛是她很享受的。從此，她便與圍棋結下不解之緣。

李至蕙時時刻刻心繫圍棋，連做夢也會夢到圍棋題目。由於她進步得很快，老師建議她到棋院繼續學習，與棋院的同學切磋棋藝，並且到各縣市參加大大小小的比賽，在短短一年左右升到業餘初段。

但是隨著遇到的棋手越來越強，很長一段時間她經常嘗到輸棋的滋味。陷入低潮的她，忘了喜愛圍棋的初衷，心裡總想著，「我要付出多少努力才能戰勝對手？」「我要怎麼克服緊張，以平常心來面對

每一盤棋？」好多從前沒有出現的困惑，浮現心中。

也是因著圍棋，從小學起，李至蕙就在培養抗壓性，加上自我要求高，希望自己能有滿意的表現，於是她冷靜的應對每一著棋，無論下對下錯，為了不讓對手猜出她的心情，她會刻意壓抑臉上的表情，以專注的眼神震懾對手。

但脫下面具後的她，其實只是個小女生，有顆脆弱的心靈，輸棋難免會沮喪，對勝負還是很在乎；畢竟棋子是冷的，人是有溫度的。可以說，她所有的堅強和意志力都是在下棋之中琢磨出來的，於是能成熟的、理性的面對輸棋這項考驗，乃至於生活上的種種挫折。

• 老朋友引我進入新世界

小學六年級時，李至蕙獲得一場比賽的冠軍，升到業餘 6 段，那是她學棋之路的最高峰。往後的國高中階段，在升學壓力之下，她就鮮少碰棋了。

媽媽是小學課輔班的老師，對教學既認真、又充滿熱忱。在媽媽的耳濡目染下，加上高中時最喜歡的科目是國文，李至蕙報考大學時選擇了師大國文系。

大學二年級時，她擔任了一年師大圍棋社的社長。重新與圍棋密切的接觸，讓她找回初衷，下棋可以分享快樂，且她發現圍棋有許多種玩法，除了慢棋、快棋、盲棋、一色棋，還有雙人聯棋、男女配對賽、團體隊際賽等多種形式，尤其隊際賽需要各隊隊員「棋」心協力，共同完成一盤棋。

　　由此圍棋不再只是獨樂樂的遊戲，還能與隊友培養默契；有了團隊、朋友的支持，透過對弈交流，世界變得更加遼闊，思路更加寬廣。

　　下棋，須時時揣摩對手的心理及棋路，這也造就李至蕙「換位思考」的習慣及價值觀，成為她與他人交往的原則；也藉由這種換位思考，讓她獲得深度理解對方的能力，可以設身處地以對方的立場來看問題、思考問題，深入對方的情境之中。

　　「剛柔並濟」，是李至蕙從圍棋中學到的另外一件事。因為從小一起學棋的同學幾乎是男生，她又很不喜歡輸給男生，於是她的棋風和個性產生強烈的對比，外表文靜溫柔的李至蕙，下棋時卻屬於攻殺型，擅長細算，謹慎的思考每一步棋之後的變化。棋友曾開玩笑的幫她取了一個封號——「殺姊」，下棋時她會抓住進攻的機會，找到對

手的弱點就乘勝追擊。

但由於想贏男性對手的好勝心太強，有時她行棋的步調操之過急，攻殺太過，反而輸了棋局。上了大學之後，她第一次參加「混雙配對賽」，和男性對手成為相互合作的搭檔。練習過程中，搭檔提醒她要剛柔並濟，可以剛強的進攻，也可以柔軟的防守，她也從對方的棋步看見他下棋的格局是如此寬廣、思維如此縝密，能放能收，並且配合著她的節奏。這次經驗，多少改變了她的棋風。

• 第一次跨越害怕上台的門檻

大學生涯中，除了與圍棋再續前緣，大四下學期到師大附中高中部擔任一個月國文科見習老師的經驗，第一次給了她「我可以上台當老師」的自信。

這是她人生第一次站上正式的講台授課，對於個性內向、上台前極度緊張的她來說，其實這是一次重大的突破。

希望國文課可以讓學生對文學產生「共感」，她在課堂上分享自己的生命經驗，也引導學生將自我的生活經驗與文學連結，課本就不再只是生硬的課文，學生更能感受到古人的情感波動，跨越時空，心

領神會。

短短實習一個月與 40 幾位高中生的教學體驗,她也從學生的回饋中逐步調整自己的教學步調及風格;更重要的是,她跨越了自己害怕上台演講的那道門檻,自信心大增。

● 醉心教育,走不一樣的路

畢業後,李至蕙沒有繼續選擇走教師甄試這條路,而是擔任棋院、安親班才藝課老師、及圍棋、作文家教。

她太在意教學的品質,但面對各種不同特質的學生,在大班制的教學中,實在很難在短時間內顧及所有人的需求。不是進入體制不好,而是以她的教學特質來說,她覺得自己或許更適合小班制的課程。

身為圍棋老師,李至蕙在棋院、安親班才藝課教的學生是小學生;在萬芳國小的樂齡課程,教的則是長者。面對年齡層不同的學生,她會設計適合他們的課程內容,教學方法也會有所調整,並且隨時視學生的反應、學習狀況,將教學作滾動式修正。

課前備課,她準備的內容都會比預定的進度多出一些,這樣實際上課時可以彈性調整進度,不求快,只求能不能在課堂中將學習重點

講清楚，透過和學生的互動問答，即時檢測學習效果。

在教學上，李至蕙特別有耐心、觀察細微，總能高敏感的覺察到學生個別的狀況，以及環顧感受課堂上的環境氛圍，隨機應變調整教學的步調。

「我也教過不少家教和小班制的圍棋課，滿了解自己比較適合這樣客製化的課程，可以對於學生個別的問題有更深度、全面的了解，還有和家長溝通，建立良好的學習成效。」

她和學生的關係亦師亦友，她覺得每位學生都是獨一無二的個體，而且他們就像是一株株成長中的植物，老師的責任，是給予適度的灌溉，「順著植物生長的方向讓它自然發展，客製化屬於他的學習課程。」

• 教育改變人生，視你如何灌溉

2019 年起，在勵活課程設計中心的邀約下，李至蕙開始在萬芳國小樂齡班教授圍棋課，並持續到現在，帶給了她許多難忘的經驗。

這群學員也是學校志工，是一群健康活潑的長者。長輩起初也會擔心圍棋很難，為了讓他們感受學習圍棋的樂趣，她精心設計團隊遊

戲，有時還會調整遊戲規則，讓大家在團隊競賽中，覺得格外刺激有趣！而且，這些長輩學習圍棋後，回到家中還能回頭去教自己的孫子下棋，親子互動更加熱絡！

一堂圍棋課，讓長輩對於自己的腦力更有信心，有獲勝的成就感，還能促進親子交流，令李至蕙深感，教育可以做的事，真的非常多。

還有一次經驗，來自安親班圍棋課的一個小女孩。課中，她觀察這女孩與人對弈時常常顯得心浮氣躁，動不動就投降認輸，對於勝負過度患得患失。一個月後，她卻變得判若兩人，沉穩、專注、自信，全寫在女孩的臉上。

回顧這一個月中，李至蕙做了哪些努力呢？「就是耐心的陪伴她，用提問、傾聽、觀察，同理她的感受及情緒，並表達我對她的關心與在乎。」此外，李至蕙也會嘗試挖掘女孩的亮點，例如女孩下了一手好棋、或是坐姿端正，她會給予女孩讚賞及肯定。

就這樣，讚賞與關注如同灌溉植物的水，讓女孩長成完全不一樣的植物了。

• 探問世界，滋養人生

對於「自己」這一棵「植物」，感覺李至蕙也是竭盡所能的在自我「灌溉」。她不急於為自己的人生方向找到定位，興趣廣泛的她，如八爪章魚般向世界探索一切可能。

她會去臺灣大學旁聽世界民族音樂、及天文學的課程；她閱讀許多文學、社會學、心理學的書，也涉獵一些國外職人寫的書，分享特殊的生命體驗。音樂、電影、書籍、攝影……都一一化為滋養她人生的養分，甚至連結到她的教學工作上。

像是之前她讀到的一本外文書《慢療：我在深池醫院與 1686 位病患的生命對話》，作者有一句話：「生命本應緩慢，療癒無法用效率衡量。」帶給李至蕙極其深刻的啟發，「教育何嘗不是如此？它通常也不是馬上見效的，重要的是，如何營造可以讓孩子在其中自由成長的理想環境。」

保持對世界的好奇心，對李至蕙來說至為重要。「對學生、對家長、對人抱持無窮盡的好奇心，你的熱忱自然就不易消退。」

她引用法國攝影大師布列松（Henri Cartier-Bresson）的名言：「關於人類的枝微末節，也可以成為樂章的主旋律。」每一個個體都是上

帝獨一無二的創作，試著去欣賞它，而非限制它。在教育上也是一樣，老師要勤於發掘學生的優點和潛能，鼓勵學生展現各自的獨特性，尋找屬於自己發光的舞台。

作為老師，李至蕙期待自己能不斷精進，透過閱讀、觀摩、與其他講師交流，洞察當今、甚至未來學習者所須具備的能力，靈活的調整教學內容。「時代在改變，學生在進步，老師也要懂得吸收新知，審慎篩選資訊，保持好奇心，關切世界與社會的脈動。」

自己也是學習者，除了專業領域的提升，她希望自己更要從生活中各種有興趣的領域裡，慢慢找出相關聯的元素融合，不一定要求創新教學，但希望帶給學生更寬廣多元的視野、或是更豐富的學習資源，這是她認為作為師者的責任。

• 後疫情時代的新思維

而迎接後疫情時代，當居家上班、或非典型的工作型態成為社會的主流，工作者將面臨許多新的挑戰，更須培養新的能力或思維去應對新局。

首要的能力之一是「**自律**」，李至蕙認為，當「工作」與「休閒」

的界線越來越模糊，每個人對於自我時間的掌握及運用將越加重要。「這不僅是指工作時如何保持專注、保持效率，也包括私人生活及休閒仍應維持一定的品質，亦即工作與生活的平衡發展。」

此外，伴隨人際互動模式的改變，整個工作場域應該更關注人性的需求及個人的身心狀態。例如站在企業的角度，若企業主能細心體察員工不同的狀況，反而能在遠距工作期間增加員工對企業的歸屬感。

像是目前中小學停課，家裡有小孩需要照顧的員工，沒辦法像在公司上班一樣，可以維持長時間不受干擾的獨立工作空間，若是希望員工可以開著視訊、讓主管放心員工有坐在電腦前專心工作或開會，其實不太合理。

在這段遠距工作的艱難時期，大多數人的生活都不好過，除了工作上有必要完成的進度，企業主若能考量員工的身心狀況以及工作環境的調適，彈性調整每個任務的時限，或許能讓員工可以自行分配工作和家庭的時間，壓力不會太大，反而能更有效率的產出。

另外，李至蕙提出「**大局觀**」的概念，這也是棋界常用的說法。外在大環境瞬息萬變，世界上某個角落發生的事件，別以為與你無關，可能明日它就影響了你的日常生活或工作。因此，每個人都應培養「大

局觀」，不要讓眼光只關切眼前或細節，考量任何事，要更具體全面的、以鳥瞰的角度眺望整體。

最後，她再度引用圍棋的「覆盤」術語，覆盤檢討是圍棋中的一種學習方法，指的是在棋局結束之後，要重新擺一遍，看看哪裡下得好，哪裡下得不好，將盤面上的優缺點進行分析和推演，換成白話來說就是「總結經驗」。「**覆盤思維**」對於現代工作者來說相當受用，讓你快速將經驗轉為能力，應付越加複雜的社會。

• 永保謙虛，不斷的觀摩學習

而對於教育工作者來說，李至蕙提升自我職能的方式，她認為首要是透過大量的觀課及觀摩他人。從大一時在棋院打工、擔任助教開始，她就養成觀摩其他老師上課的習慣，研究、分析別人的教學方式及風格。

她的母親去年初歷經重大手術，身體欠佳，因此去年整個上半年，她都在母親的課輔班協助母親的課務。

在課堂上，她又有機會見習媽媽如何教導小朋友。她記得，課輔班有幾個小學二年級的特殊生，一旦孩子們彼此發生衝突，老師要先

嘗試將雙方拉開，然後心平氣和的釐清問題。最重要的是，作老師的要公平，不能被「先入為主」的觀念所蒙蔽。

去年半年的陪課經驗，因為有機會與孩子們長時間相處，她也從中發掘自己的溫柔、耐性、及親和力，可以和孩子們打成一片，更加燃起李至蕙對教育的熱情。從母親處理衝突的方式，她也發現，凡事不能只看表面，就像兩個孩子吵架，若平時就細心觀察，便可發現今日的衝突，也許在過往就已種下因子。

當然，在觀察過別人的教學後，仍需要回頭摸索出適合自己的教學風格、步調與模式。

此外，要永保謙虛的心態。作老師者，不要時日一久就因循僵化，即使是同一套教材，也應定期檢討調整，虛心觀摩、學習他人，才能持續在教學上追求創新，帶給學生更遼闊、更不一樣的視野。

對於自己的人生，對於教育的各種可能性，李至蕙還走在積極探索的路上。或許就像她所說的，「人生沒有最佳正解」，如同世上沒有「最好的一手棋」，「尋求答案」的本身，或許就是答案。她期望讓學生如植物般自由生長，每個人能成為他更喜歡、更理想的自己，這樣已足夠。

李至蕙 小檔案

圍棋老師，棋力業餘 6 段
圍棋家教／萬芳國小樂齡圍棋課講師
／安親班圍棋課老師／兒童棋院助
教、行政

喜愛和小孩相處互動，透過深入淺出
的教學，溫柔有耐心地帶領學生體會
圍棋的美好樂趣，同時也希望藉由圍
棋培養學生的品格態度，讓圍棋成為
陪伴孩子成長的好朋友

09

將學習化為生活習慣
更容易實踐

職能篇 ─ 歐欣樺

　　畢業後選擇留在母校工作的歐欣樺,從原本相對單純的職場環境,捨棄一般人眼中的「鐵飯碗」,在 30 歲前毅然決然的離開學校工作,重新投入設計接案、以及講師教學的全新生涯。即使這兩年還得面對 COVID-19 疫情的挑戰,歐欣樺對自己信心滿滿,一切蓄勢待發,因為,「把自己準備好,最重要!」

　　從小,歐欣樺對於美的事物,似乎特別有天賦!從她有記憶以來,無論是用黏土捏娃娃、用紙巾做芭比的衣服、用樂高積木蓋房子、或是繪畫家裡雪白的牆壁,只要能自己動手做的,她總能投注莫名的專注力;可惜因為隔代教養的緣故,在成長的路途中,她的這份天賦,也被慢慢的埋藏了起來。

　　到了第一次有自我決定權的年紀,成績在中間水平的她,正在煩惱能選擇的學校、科別之際,當下突然有了一個決定,「我要選擇北

部的學校，到媽媽身邊一起生活。」也因為這個抉擇，似乎同時喚起了她埋藏已久的美術天賦。

• 校園生活啟發美術天賦

　　歐欣樺順利進入多媒體設計科，開啟了她的平面設計之路，讓她認識什麼是美的形式與原理、什麼是藝術、色彩該如何運用、以及繪畫的各種技巧。

　　進入大學後，歐欣樺繼續往設計這條路邁進；但不一樣的是，多了社團的生活，讓她在極度充實的社團生活中，度過開心、繽紛的四年。

　　或許是因為高中就曾擔任三屆班長的緣故，歐欣樺在參加的每個社團也都接任幹部一職，無論是在社團、系學會、學生會、或國際志工團，這些幹部經驗，使她擅於融入人群，對於人際關係的處理，亦越加圓融。

　　在校園頗為活躍的歐欣樺，一畢業後就被老師推薦，進入母校的學務處任職，昔日的師長，如今成為同事。這份工作，看似與她的設計專業所學沒有關聯，但其實辦活動、帶志工團這類工作，對於學生

時代社團經驗豐富的她來說，銜接上幾乎沒有太多困難，可以帶領學弟妹，更讓她感覺如魚得水。

而且，因為辦理活動需求、及社團學生的需要，她的設計長才也常有機會獲得發揮，對於工作很愛舉手、攬著自己做的歐欣樺，開始有了越來越多委託設計的案子出現。

像是協助校級長官的影片剪輯、處室活動的海報文宣、授課社團要製作簡報與海報，雖然都是她本職以外的事情，但因為是她的專業、也是她的興趣，她從不排斥，照單全收。

在學校三年多的工作，穩定而忙碌；因為配合學生下課後的活動，一週加班三、四天，對歐欣樺來說是工作的常態。但偶爾，她的心頭也會升起一份對自己的疑問：「這份工作，真的是你想要的嗎？」

• 30 歲前轉換生涯　開啟講師旅途

她說，「曾經內心有個聲音告訴我自己，如果 30 歲前沒有換工作領域的話，我可能就在學校貢獻一輩子了吧！」歐欣樺心想，自己還年輕，應該踏出舒適圈，到外面去闖盪一番，或許未來的天空更加廣闊！加上亦師亦友的組長也跟她說：「或許會捨不得你離開，但我相信

在外面你會更有成就的！」就這樣，帶著師長的祝福，歐欣樺在 2020 年 9 月離開了學校工作，轉換生涯跑道。

經常接受朋友、廠商委託承接設計案的她，即使離開學校，接案來源從未間斷。因此，在工作的轉換期，她也給自己一段沉澱的日子。在這段時日中，新的機緣出現，因為一位擔任講師的學姊之邀約，去協助一場大型企業團隊建立（Team Building）課程，擔任助教，讓她進而認識了勵活文化事業。

由於歐欣樺有設計專長與過往的經驗，她開始獲得設計課程的邀約，開啟了她的講師旅途。她還記得自己的「處女秀」，是錄製長達 18 小時的線上課程，教學員如何運用向量圖形軟體 Adobe Illustrator。

其實坊間教 Adobe Illustrator 的課程多如牛毛，但歐欣樺沒有選擇從基礎教起、循序漸進的「教科書式」教法，而是從實際運用的角度出發，「例如，當一位設計者接到一個案子，要如何用 Adobe Illustrator 做出一張精彩的海報？我就是從這種角度出發，教大家順利達成目標」，她的教法果然獲得良好的迴響，令她信心大增。

• 教學別出心裁　啟發重於教導

擔任講師，也喚起她對於動手做的熱忱，承接手作課程。手作課程的學員年齡層極廣，從幼稚園到 5、60 的媽媽都有。面對這些學員，歐欣樺發現自己的耐心及笑容，就是讓她廣受歡迎的最大利器。

有位邀請她去上課的老師，便回饋自己對她的觀察，「妳在課堂上的笑容與笑聲，有一種特殊的魔力喔！」加上她的聲音帶點娃娃音，講話時格外討喜、具親和力，大人、小孩都比較喜歡，也開拓了她主持廣播節目的另一條路線。

此外，歐欣樺的課程也常別出心裁，融入更多有趣的元素。例如，她覺得色彩可以反映個性，因此也嘗試將色彩學帶入她的課程，教到幼稚園或國小的學童時，更鼓勵他們在配色上自由發揮，不要受到現實世界的侷限，並且透過每個人的用色偏好，來分析學員的內在性格，學生們就感覺很有興趣。

某次接到針對大學生的職涯課程，要初入大學的大一新鮮人思考職涯課題，並不容易，但她將時下流行的「生命靈數」帶入課程，讓學員透過自己的生命靈數，先認識自我的天賦，進而思索未來的生涯

方向，果然讓現場所有人興味盎然。

歐欣樺回顧，當她還在學校帶領學生社團時，就抱持著這樣的觀念，「只要學生因為我的一句話，而有了不一樣的思考跟想法，哪怕只有一位學生，都是我努力的動力。」而今跨界成為講師，這份教育理念，似乎從沒改變過。

不知是不是學設計的人，思想邏輯比較前衛創新，她對於學員的教育觀念，也是「啟發」重於「教導」。「我很習慣用引導的方式，讓學生表現出他的想法，但又會打擊學生提出來的東西。因為我知道如果不這樣做，得不到學生真正的思考，可能就埋沒了一個很好的觀念。」

基於這樣的理念，讓她的課程中總是會帶入跳脫框架的思維。讓她印象深刻的是有一次，有一堂手作課程，學生落在幼稚園到國小三年級這區間，課程進行到操作階段時，突然有位家長走過來問她，「我的小孩有個步驟沒有黏得跟老師一樣，這樣可以嗎？」

當下，她對這位家長的表現感到讚賞，因為他沒有直接指責、或糾正他的孩子。於是她告訴這位家長，「手作看似好像就動動手一般，其實背後真正的意涵，是啟發孩子更多的創意。」歐欣樺秉持這

樣的理念，帶入她的課程，不只是想啟發創意，更是想尋求更多的可能性。

結合自我美學的觀點到手作課程，也因為設計所學擁有的觀察力、學校社團老師與學生的溝通力、與辦理活動的執行力，這些過往的歷練，在在成為歐欣樺的養分，讓她能結合到職涯分享、團體動力等等這些課程中。

• 會做設計的很多，能一手包辦的極少

回歸到她的專業本行——設計場域，對於歐欣樺而言是她的最愛，「每當我設計、創作、繪畫的作品能夠讓人喜歡，我就能生出無限的動力，想要追求更多的自我成長！」

但平面設計這個行業，從業者頗多，競爭相當激烈。環顧周圍的同儕，大學一畢業就投入設計職場的不多，許多人都選擇轉換跑道，因為這領域的工作，要出人頭地不容易，錢也不是很好賺。

這使得歐欣樺不斷思索，自己在設計領域長期發展的競爭優勢，究竟是什麼？「當我自已盤點時，我發現，相較於其他的設計工作者，我最大的優勢是，從上游到下游，我可以提供客戶『一條龍』的服務

模式，讓客戶省心、省力。」

她會設計、會自媒體、會寫企畫，又有活動及教育的背景，因此，當客戶丟出一個案子時，從撰寫企畫案、設計文宣、到活動執行、甚至外發背板輸出 ⋯⋯ 等，她全部都能一手包辦。

「許多設計者在接案時，會感覺難以掌握客戶的美學偏好及需求，但是我因為常常是在案子成型的前期就參與，跟客戶的互動更早、更頻繁，通常都能很輕鬆地了解對方企業文化或風格走向，合作起來更得心應手。」因彼此的默契及信任度良好，加上歐欣樺總是樂於溝通、修正，客戶往往將全部工作都授權歐欣樺去處理或控管。

因此，即使沒選擇在企業上班，歐欣樺的設計案委託不斷，或許可以說，是因為她在過往的工作經歷中，凡事好奇、好學，讓她無形中比別人累積了更多能力，也讓她在這時代，整合了自己的專長、興趣與經歷，創造出不一樣的工作價值。

• 維持自主學習能力，無懼數位衝擊

近兩年，疫情衝擊了各行各業；反倒對於設計接案的工作者來說，還算是幸運的，畢竟設計是很容易數位化的產業，從手稿、初稿、到

完稿，都可以在線上完成。「現在因為疫情促使數位化成為必要，其實是加速了我與業者間的溝通順暢，反而給了我更大的自由運用，甚至許多工作可以同步進行處理。」

歐欣樺正面看待變化，她認為，許多產業因為疫情，遭受正面打擊，也帶來生活上的不方便，但也因為有了這些衝突，迫使人們去思考突破，加速自我或企業數位化的腳步，從這樣的觀點出發，它是一種進步的狀態。

此外，數位化的進步，帶給人們很多的便利性，但從另一個角度來看，在數位化的社會中，一切事物被取代得特別快；也因為便利自由，更考驗個人的自主性。因此，不斷了解當前社會趨勢的演進，時刻維持自主學習的能力，是面臨未來世界變動的首要重點。

• 將技能完美結合，成就我獨一無二的特色

在追尋自我、整備自我的職能這條路上，歐欣樺自然也曾經歷一段探索的歷程。

她記得，當初在學校職場面試時，曾經做了一個九型人格測驗，結果她在各項的得分非常平均，因此得到一個評語——「面面俱到」。

這結果，似乎意味著她是一個各種面向都能處理的人，卻也代表她的個人特色不顯著。那時還是社會新鮮人的她，對於這樣的結語，也無太深刻的體會。

隨著年歲漸長，身邊的朋友師長，總稱讚她是才女，什麼事都會，但她心裡總會補上一句，「我什麼事都會，但人人也都會，沒有什麼特別的。」「面面俱到」這個評語，讓她內心常在「我的人生就這樣平淡的過嗎？」與「但這樣又有何不好？」的心態間游移。

直到有次整理書房，翻到一疊學生時期師長寫給她的一封信，上頭寫道，「妳擁有別人的優點，但同時妳也擁有別人沒有的耐心與笑容。懂得結合它們，就會是你最大的利器。」這番話瞬時點醒了她，「結合？對呀！我擁有很多的技能，為什麼不能讓它們互相結合呢，那不就是別人所沒擁有的嗎？」

歐欣樺開始思考，設計是她的專業職能，企畫、作活動、擔任講師、甚至近期開始研究精油等，這些是她的其他興趣，她也逐步透過學習，將興趣轉為技能；若同時將技能再相互結合，例如將香氛精油、色彩學融入講師課程中，便能發展成為她的個人特色！

• 將學習融入每日生活最有效

職能提升，對歐欣樺來說是樂趣。以平面設計來說，歐欣樺認為，首要培養對於美的事物的觀察力。每天走在路上，對於街頭的一個招牌、店面裝潢、或是任何一種裝置、設計，她會用雙眼、用心去觀察別人的作品。

「每個人對於美的見解都不盡相同，如何從中找到自我喜歡的、象徵性、代表性，進而鍊化為自我的風格；再者，四處觀摩美的事物，也有助於讓你隨時掌握最新的設計風潮、或社會的普遍愛好。」她說，每段時間世界總有新的流行，作設計不是自己開心就好，所以不能自外於世界。

再者，設計的工具或軟體日新月異，必須隨時準備運用原本所會的，學習新的方法，透過運用的轉換或結合，最後達到熟練使用各種工具。不同的時期，有不同的學習，但最重要的是「專注」。

因為工作上的需要、或老闆的要求，歐欣樺曾經去進修課程，試圖增加自己的技能。「曾經發現，有些人學習的速度就是比我快？但我們常常會說服自己說，對方可能比自己有天份吧，但其實，這樣的

想法是有點不負責任。」

前段時間歐欣樺接觸了全新的領域——芳香療法，她發現自己的學習效率怎麼好像沒有學生時期那般可以快速的記憶與吸收？為了強迫自己能夠增加吸收新事物的動力，她為自己安排了固定的排程，要求自己在某段時間內只能做某一件事，絕對不為其它計畫所撼動。

「我們都知道，一個人的動作或想法如果重覆 21 天，就會變成一個習慣。所以我們可以利用培養慣性，去習慣學習新事物；而且一般工作者生活忙碌，不要貪心，一次最好只安排一種慣性培養，完成後再建立下一個習慣。」因此**無論是進修英語、學習精油知識，歐欣樺都會善用培養慣性、一次專注學習一樣事物的方法，促進效率。**

• 吸收後實驗應用，才能化為真正的知識

此外，將所學適度應用於自己的生活，也是增進學習效能的重要撇步。好比歐欣樺現正在準備精油認證考試，精油的知識相當廣博而複雜，對於非相關專業者來說，那不僅是將所有單方的功效、使用方法、禁忌等等死背下來就可，重點是還得了解 A 精油加上 B 精油之後會產生什麼樣的結果 ......。許多次，歐欣樺都想把厚重艱澀的書本闔

上，直接宣告放棄。

後來她開始拿自己當實驗品，例如夏天她的皮膚容易過敏濕疹，就翻開精油書，找出所有可改善過敏的精油種類，逐一分析、親自調配試用。透過試用及閱讀雙管齊下的探索，學到的知識就比較容易印入腦海，成為自己的知識。

因此，**對於職能的提升，歐欣樺提出「IOCR」四大步驟**，I 代表Input，指的是學習新的事物、或新的想法；O 代表 Output，指學完之後、將所學實踐出來；C 代表 Check，指運用所學時，可找他人協助檢視，確認是否學習正確；R 代表 Revise，指的是經他人檢視後，再回過頭來修正改版，使其更加完美。

歐欣樺指出，在做平面設計時，從想法產生、設計產出、客戶檢視到最後的校稿定案，所經歷的步驟就是如此；在她人生的每個階段也是，總不斷有新的想法被吸收、產出，接著找人討論，之後修正到定案。

其實人生所有的學習歷程都不外如此，但最重要的是找到自己的價值所在，因為機會不只是留給準備好的人，更要主動出擊才能擁有。

歐欣樺 小檔案

遊走在雲端的平面設計師

1766 網路廣播「一起來尬聊」
節目主持人

勵活課程設計中心 專案經理

勵活手作家族 I.M.O.S
療癒紓壓手作達人

橙思香氣療癒學苑芳療手作
課程講師

10

每一段職場經歷
我都要學到！

職能篇 — 張家榦

　　相較於其他全職的企業講師，目前張家榦除了擔任講師外，仍在知名汽車公司擔任 HR，而從其大型傳產公司與小型新創公司的歷練中，累積了不少業界實務經驗，並整理出最深刻的體驗是：「當自己回頭檢視每一份工作時，待得多久不是重點，重要的是每一次都定要有所學習，這樣的職涯才值得！」

　　談到「轉型」，張家榦認為在現今職場，「變化是唯一不變的真理」，只是多數人是被大環境、工作場域、年紀等變動推著走，屬於「被動」轉型，而家榦提及當在規畫職涯時，應該化被動為「主動」，更有意識與積極的去思考轉型議題，才不容易被淘汰。

　　「主動的轉型」，首先要問自己**「為何而轉型？（Why）」**，因為背後一定要找到一個支持你的理念或目的；然後思考**「要轉去哪裡？（Where）」**，有方向才不會迷思。思考完「Why」與「Where」的問

題之後，接下來就是「**如何轉？（How）**」，包括轉型需要哪些資源與支持、以及規畫有哪些路徑或步驟等，以上三步驟都有思考的話，那就是走在主動轉型的路上。

• 從年少懵懂到一路蛻變

回顧張家榦自我探索生涯的過程，也是由「被動」逐步化為「主動」，掌握自我前進的方向。

家榦說他對於小時候的印象很模糊，年少時代的他自認存在感很低，是老師眼中成績一般的乖學生；是同學眼中稱不上麻吉的夥伴。他一直想在團體中找尋自己的一份歸屬感，直到上了大學，透過參與不同屬性的社團（實驗劇團、校友會、系學會、球隊等等）後，才起了不一樣的變化，家榦開始主動找尋舞台與機會。

因此大學畢業時，家榦已經累積了不少跨校際的訓練及演講經驗，也種下他未來想成為講師的一顆種子。

除了在校內發展外，為了擴大自己的接觸範圍，他也從校園內跨向校園外，甄選成為「中華知識生產力協會」的知識青年幹部，開啟了每週一次與業界成功人士學習的機會，並積極參與協會事務。

這樣願意主動嘗試的精神也反映到了出社會的工作上，張家榦陸續進入新創產業及大型傳統產業工作，從行銷企畫、通路企畫、專案經理、到 HR 與講師。邁入 36 歲的他，直覺看似職涯之路一路通暢，但這背後都是有著故事，是家榦刻意讓每次轉換的代價都有其意義。

• 不僅是講師，更是協助青年圓夢的夢想企畫師

他回想，自己一路以來多有貴人相助。例如，提醒自我發展與職涯思考的主管、願意無償協助履歷健診找到自我亮點的老師。因此，他將協助準備進入職場、或剛開始工作碰到撞牆期的青年，視為自己的一個重要人生使命，就像當初自己獲得的協助一樣。

協助青年的目標明確之後，下一步就是為自己裝備所需的能力。家榦不斷精進聚焦，不放過每次進修與成長的機會，例如 BE 幫助教育計畫、人資將才班、益師益友種子講師、天生我才講師培訓、優勢領導工作坊、SCPC 國際職業策略規劃師、DiSC 國際認證等，就是要讓自己能成為一位透過自己的專業及熱忱，解決別人的問題，實現他人的夢想的人。

因此，家榦珍惜每次交流及分享的機會，一定用心準備，力求表

現，也不斷地為自己創造出口碑與轉介的機會。回憶過往，曾代表現任公司參與「國家人才發展獎」的國外企業參訪，透過與代表團夥伴的良好互動，獲得推薦至公務人力發展中心開課，而這些機緣又牽引更多的機會，產生好的正向循環。

於是，張家榦的講師之路，從「簡報小王子」的簡報表達，擴充到「溝通與問題解決」，一步一步的將自己的夢想完成，同時間也進一步朝向「探索自我」，協助他人找到夢想，並且透過實踐的工具去理解和消除夢想與現實的差距。對家榦而言，每向前一步及每一次的改變，都是一次「小轉型」。

當能分享的主題越來越多，家榦將最擅長的三大專業「探索自我」、「簡報企畫」、「溝通與問題解決」結合，定位自己為「夢想企畫師」。

許多人在人生路上，從欠缺自信到懷疑自我，但家榦深信「相信就會看見，堅持就會實現」，希望透過課程的啟發，讓學員**從「改變自己」進而「喜歡自己」**，成為一個對他人、對社會更有影響力的人，創造出幫助他人，實現自我的雙贏成果。

• 以冰山理論看職能完整面向

當夢想越來越大、目標越來越多，支撐夢想前進的力量，來自於職能的持續提升。碩士學位念管理科學、現在汽車公司擔任人資工作的張家榦，說明「職能」的簡單定義是：勝任「工作」的能力。「當你面對任務、想要完成它所需的能力，就是職能。當然在不同的產業領域，所需的職能也都不一樣。」

他並進一步引用「冰山理論」來說明職能的不同面向，**外顯特質屬於「冰山上」**，例如欲勝任某種工作、任務所需的知識及技能，通常顯而易見，且透過適當的訓練及指導可有效培養；**但有些內隱特質卻是潛藏在「冰山之下」**，例如欲勝任某種工作、任務所需的動機、個人特質、個性、甚至自我概念或價值觀等，這些層面不是短期內可以改變或影響的，但卻對於是否達成結果具有極大的影響力。

關於「外顯特質」與「內隱特質」，前者通常我們自己會比較清楚，只要下功夫努力即可精進、發展為個人縱橫職場的強項或優勢；而後者則是提醒了「職場軟實力」的重要性，它通常是來自於他人對我們的評價，例如「認真」、「積極」、「追求完美」等等，是可以透過他人對我們個人特質或價值觀等觀察回饋中，去對應與自我驗證所獲

得之結論。

　　若從企業角度來看待員工「職能」及人才的選育用留，這兩者都不能忽略，要不就有可能將鐵達尼號撞上冰山的失誤，真實的在企業內部上演。

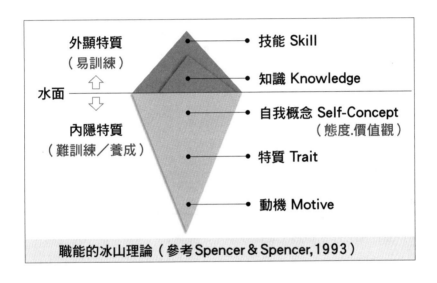

外顯特質
（易訓練）

水面

內隱特質
（難訓練／養成）

技能 Skill

知識 Knowledge

自我概念 Self-Concept
（態度.價值觀）

特質 Trait

動機 Motive

職能的冰山理論（參考Spencer & Spencer, 1993）

• 工作是提升專業職能最佳場域

對於上班族來說，當在工作中面臨新挑戰，自然就需學習新的技能以勝任工作——「缺什麼、就補什麼」，因此，工作本身就是提升專業職能的最佳場域。所以，想在職場持續前進，選擇讓自己有所成長的公司格外重要，但同時也要時時提醒自己，**「一定要在每一家公司學到東西。」**

張家榦就是一個在工作中不斷追求成長的典型例子。當初從管科所畢業後，在師長的推薦下，進入一家新創的科技公司，擔任行銷企畫。因為公司只有家榦 1 位員工，老闆給予他很大的空間發揮，讓他很有成就感。

「很有趣的是，我有 1/3 的時間是在自我進修。」家榦說到，因為工作是推廣公司的磁化淨水器，這對於文科出身的他有些吃力，老闆期望他加強理化知識，要他在工作之餘認真「惡補」高中物理與化學，才能對公司的產品運作原理與特性更加熟悉。

在公司待了一年左右，因為公司發展方向異動，讓他有了離職的念頭。當他對老闆表達辭意時，家榦始終記得當時老闆給予他的「一個問題」與「一個看見」。

老闆那時問：「你有想過下一步要做什麼嗎？」家斡竟當場毫無頭緒，無法回答。他這才發現，自己只是覺得既有的工作難有發揮，事實上對於生涯的下一步並未好好的思考。

老闆更進一步提供了一個相當深切的觀察，「你是一個非常認真的人，交辦的事總能盡力達成，但另一方面從主管的角度來看，你是個『很難帶』的員工。因為你沒有一個顯著的興趣或熱中之事，所以作為你的主管，會不知如何去激發你對工作的熱情跟動力。」

主管這番話令他記憶深刻，也促使他更積極去思考自己的熱情所在，而不僅是將本分的工作做好就夠。

• 更有意識的選擇你的工作環境

離開科技公司後，他晃蕩了近半年，摸索出自己的求職目標，「這次我要進入前 500 大的連鎖企業，在總公司擔任企畫職」，畢竟在較大的公司，能夠見識的事物及格局有所不同。

果然家斡順利進入匯豐汽車擔任二手車品牌 SUM 的通路企畫，業務面對的是全省的通路商，每天必須彙整全省各地的業績報表，並緊盯業積欠佳的地區通路、要求改善；除此之外，他還需要處理合約、

拖吊、保固、保險等繁瑣的事務。不過也因如此，此份工作強化了他多工處理的能力，也同時累積了絕佳的 Excel 處理技巧，報表及資料處理能力大躍升。

在匯豐汽車，家榦遇到目前職涯中風格最強勢、要求最嚴苛的主管。當時只覺得日子難過，寫案子和報告都很怕，他記憶最深刻的是第一次對主管作業務檢討報告，上台還不到 5 分鐘，就被主管丟報告：「這不是我要的報告！重作！」這種反應，令學生時代就常受邀教簡報的張家榦感到極度挫敗，「我的簡報哪裡做得不好了？！」

之後再三摸索，他才明白，主管看重的報告，要有同期比與月推移等明確的數據分析與預判，而非發生的「故事」。家榦笑笑的說，如今回想，在這位主管的嚴格要求下，自己成長的幅度最多，包含了提高抗壓能力，對事件的處理也更加沉穩。

但此時的家榦，對於「處理人的事務」與「訓練發展」興趣轉濃，想朝向人力資源發展的方向前進，在主管拒絕了內部轉調人事單位的請求後，他最終只好做出轉職的決定。

• 夢想最美，但生存也很重要！

在友人推介下，張家騏又進入一家新創的顧問公司，擔任創社員工。這家公司與家騏的理想不謀而合，是一家以輔導青年就業、協助企業進行工作媒合的社會企業。

因公司處草創期，無既定的規則，也無特定客群及市場，老闆給予家騏極大的發揮空間，任其天馬行空的嘗試各種可能，一切從零開始。

在摸索新公司商業模式（Business Model）的歷程中，公司的營運重點從原本的校園通路，擴充至公開班、企業訓練、政府專案等不同的獲利來源，且在第一年年底，家騏成功的搶到一個臺北青年職涯發展中心的案子，包括名人講座及企業參訪等企畫執行。這個成績，讓他們決定繼續爭取預算更多的年度專案。

家騏永遠忘不了，當時公司傾全力支援他，全公司足足為標書忙了一個半月，遞送標書的當天，董事長及總經理亦親自陪同前往。沒想到到了現場，公司因某份財務文件未使用正本，被宣告：「不符投標資格」，只能眼巴巴望著別家公司進入下一階段甄選。

再久再累的努力，抵不過一個極其微小的失誤！失望之餘，當時

家榦腦中一片空白。回程車上,董事長忍不住唸了兩句,總經理卻安慰他說:「誰都會有錯,記取這次經驗,以後知道了就好!」語畢,他的眼淚卻再也止不住,奪眶而出。

此次投標失敗後,公司營運日下,無法建立理想的商業模式,苦撐至最後只能離開。但對於家榦來說,這仍是一次美好的學習,無論是在問題解決或溝通表達,他都被磨鍊得越加成熟,知道當自己能力或資源不足時,要適度轉彎,彈性應變求生存。

而家榦現任職的汽車公司,是人生第四份工作,進入相對穩定的階段。以上的職涯歷程與故事,也成為家榦在演講中對感到迷惘的聽眾最好的提醒,**「換工作的重點是,要知道自己為何而換,並且在工作中學到了些什麼。」**

• 晉身未來人才，你具備這些能力及習慣嗎？

當然，在每種產業及領域所需職能並不相同，但有些職場關鍵能力，卻是這時代共通的。張家齊舉出，為了因應未來人才發展趨勢，教育部曾將學生應具備之 21 世紀關鍵的「5C 核心能力」：

1. **溝通協調能力**（Communication）

2. **團隊合作能力**（Collaboration）

3. **複雜問題解決能力**（Complex Problem Solving）

4. **批判性思考能力**（Critical Thinking）

5. **創造力**（Creativity）

除了以上這「5C」，張家齊又特別補入**「應變能力」**一項，以應對當前職場生態變動越來越快之現象，「尤其是面對疫情時代，願意轉型的人或企業得以存活，反之則迎向滅亡。」

現今工作型態多元且變化快速的世代，除了上述的 6 種能力之外，職場工作者的工作習慣也須同步提升，才能跟上辦公環境及工作時間將不再穩定規律的趨勢。這時，培養時間管理的好習慣，對於工作者將更為迫切且重要。

在此，張家榦特別提出要善用數位工具「Google 日曆」，加上智慧型手機同步功能的整合，開會通知、活動分類、行程變更等通通可以一手掌握，輕鬆做好時間管理。家榦分享自己幾個常在運用的實用功能：

1. 顏色標籤：將行事曆上的活動類型進行分色管理，當有活動重疊時，可以迅速發現並且判定急迫的優現順序。

2. 檢視維度：可切換「天」、「週」、「月」等不同維度，可在一天的微觀與整體的宏觀中進行切換。

3. 工作清單：可加入「待辦事項」的「TASKS」，用事件的方式排列，讓事情可以看起來更加一目了然。

4. 時間提醒：幫每項活動或工作設定提醒的通知，讓自己不會因此而遺漏處理。

除了時間管理外，另一個良好的工作習慣，是關於職場上的溝通技巧——「報‧連‧相」——凡事報告、有事連絡、遇事相談。

1. **報告**：對主管而言，部屬隨時回報正在進行的工作結果，有助於掌握部屬的工作進度，並在專案可能發生的問題擴大前，及時介入處理與協助。

2. **連絡**：部屬與主管、資深同事或其他平行單位互相交換意見，分享
資訊與情報。透過這過程，所有與該項工作相關的人，彼此都能掌
握工作的方向與進度，防止疏漏，提早準備。

3. **相談**：部屬碰到判斷上有煩惱或困擾的事情，要主動與同事和主管
討論，即時的解決不讓困擾點變成問題。

上述的「報‧連‧相」可說是職場生存重要法則，如果做得好可
以在職場上游刃有餘，不過許多上班族卻常常忽略其重要性。

• 職能提升的三個步驟及提醒

總結對於個人職能的提升，張家銨提出以下三個步驟：

1. **焦點**：「你的故事才是屬於你的！」我們無法複製任何一位成功人
士的生涯故事，重點要放在整理自己，我們只能從自己的經歷中萃
取出屬於自己累積與擁有的職能。

2. **整理**：盤點自己擁有的能力，找出個人的強項及優勢，再去對應自
己想要轉型朝向的地方，設法找出其交集。

3. **專注**：針對自己尚欠缺的能力，強化與提升所需，重點是要把找出
的缺口定為提升的方向，並且專注於此。

透過以上三步驟，讓職能提升不再是亂槍打鳥，而是循序漸進；若前進的方向遇阻礙，也要保持彈性，嘗試轉彎應變，尋求其他可能性。如此，職能提升才能對你的生涯發展提供真正的助力，將人生推向更加美好！

張家榦 小檔案

知名汽車公司 HR 高級專員

簡報快捷鍵 EASY POINT
創辦人

宏星國際管理顧問有限公司
課程顧問

勵活課程設計中心 合作講師

Everything DiSC® 認證顧問

SCPC 國際職業策略規劃師

Part 3

斜槓篇

11

用熱情與使命感
點燃你的斜槓生涯！

斜槓篇 — 李明峯

　　李明峯今年僅 27 歲，卻已是擁有多年授課經驗的知名講師。他在 18 歲之前的求學過程並不順遂，學業成績表現不理想，因此曾被貼上「學業低成就」的標籤，那時的他是個比較自卑的人。但是李明峯有個人格特質，就是他會勇於接受挑戰，在他心中一直有個聲音，他想要改變，不想就這麼平凡過一生。

　　很難想像，其實李明峯在高職時期就讀的是食品加工科，同時擁有烘培丙級證照；在他高職畢業以後，照理說應該會成為食品從業人員，或繼續就讀食品科學相關科系。但是，少年時的生命經歷，加上想改變自我的心態，讓他走上一條完全不同的人生路。

• 加入童軍讓他找到生命最初的熱情

在李明峯小學三年級時，因為老師推薦而加入童軍團，他喜歡這樣的團體生活，並將「準備、日行一善、人生以服務為目的」童軍精神深植於心。

由於童軍的訓練及多元的學習，他參與大量社團與公益活動，例如，國慶大典協助維護秩序、七星山淨山、愛心義賣等，國中畢業後，李明峯考取 EMT-1 初級救護技術員，曾在臺北國際花卉博覽會擔任救護志工；後來因為他的努力，更取得童軍最高榮譽——國花級獎章。

一直以來，李明峯不只參與活動，也設計、帶領活動。高一時，他就創立臺灣跨校、跨域、跨齡整合的公益組織——「環保星勢力志工隊」，號召各校青年投入環境教育公益服務。

他曾帶領夥伴參加由行政院青年輔導委員會舉辦的績優團隊競賽，團隊才剛成立不到一年竟然得到全國第一名，還獲時任總統馬英九頒獎肯定，當時他只是個高一的學生。李明峯漸漸發現自己特別喜歡站上講臺表達分享理念，去激勵別人，而且也擅長帶領團隊。

高職三年，李明峯過得充實且忙碌。他不僅擔任學生會長，曾代表臺灣成為最年輕的親善大使前往泰國參與國際交流活動，也因為服

務表現優異，當時行政院青年輔導委員會（現為教育部青年發展署）推薦他擔任校園講座講師，成為指引年僅 16 歲的他走上講師之路的伊始。

於是，昔日那位沒有自信的孩子，找到了真正的人生努力目標，他希望將自己的熱情發揮正向影響力；李明峯走出課業的挫折，在活動帶領及益己助人的領域持續努力，改變了他日後的人生。

• 因為熱愛，改變自己，找到自己

高職畢業後，李明峯沒有繼續再往食品科學方向走，他決定轉換人生跑道，去推甄社會工作系，沒想到因為自己的社團服務經歷，居然讓他成為榜首錄取社工系；他把自己過往的實務經驗結合學理，讓視野更加開闊。

大學時期，李明峯積極參與不同面向的服務，例如教育優先區偏鄉服務、創立國際志工團前往泰北服務；他還擔任臺北市政府第一屆兒少諮詢代表為兒少權益發聲；大三那年到家扶基金會、更生少年關懷協會擔任社工實習生，投入兒童與青少年培力以及關懷輔導各項服務。

雖然活動眾多又忙碌，但是李明峯並沒有把課業放下，許多同學去夜衝、夜唱，他是熬夜寫活動企畫跟報告。但他的努力大家都看到了，大學還沒畢業，他就已經收到很多機構邀請，希望李明峯以後能到他們那裡工作。

　　但李明峯想投入跨域整合行動、關注更多的議題以及政策參與，於是他並沒有選擇出社會直接工作，而是進入國立臺灣師範大學公民教育與活動領導學系（戶外教育與活動領導組）碩士班，將學術專業跟活動領導進一步結合。研究所時期他代表臺灣遠赴德國、泰國、新加坡、馬來西亞出席各項國際活動發表演說，爭取分享臺灣青年公益實踐經驗機會，更讓臺灣被世界看見。

　　同時，李明峯持續自我精進，他積極參與專業認證培訓，取得英國劍橋 FTT 引導式培訓師、美國 AL 加速式學習引導師等多項國際及國內認證，讓他在授課帶領上更加專業、多元且有實質成效。

　　在多數人眼中看來，27 歲還很年輕，但李明峯卻已投入社會公益及社團活動長達 20 年，至今持續服務累積逾 9,000 小時、號召逾 3,000 位青年響應、透過演講與提案競賽累計募集逾 125 萬元投入公益行動，曾獲「傑青獎」、「青年獎章」、青少年志工「全國菁英獎」、「一

等環保獎章」等各獎項及媒體專訪報導肯定，共獲得總統 7 度接見。

現在，李明峯已取得碩士學位，除了繼續帶領他所創立的「環保星勢力志工隊」推廣青年揪團服務，也是財團法人十大傑出青年基金會專案企劃暨志工隊長、教育部青年發展署竹苗青年志工中心諮詢業師、勵活課程設計中心特約講師、集思行旅文創股份有限公司永續教育長（協助社會企業推廣黑水虻循環永續與社會創新提案）……等多元身分，是將「斜槓」徹底實踐在自己生命的年輕講師！

• 整合多元經驗，從社團領導者走向講師路

從高職開始到現在，李明峯回想起成為講師的歷程，最初是創立團隊得到全國第一名肯定，進而獲推薦成為校園講座志願服務青年達人講師，開啟自己的講師之路，並且在之後的人生歷練中，找到自己真正的熱忱與使命，將服務推廣講師視為終生志業。這段路程走得辛苦，不足為外人道，但是很值得。

由於李明峯擁有 20 年公益服務、社團參與、環境教育實務推動經驗，也有 12 年跨域團隊經營、11 年講師資歷，如果觀察他上課，你會發現他擅長以多元體驗活動融入各式主題教學與培訓課程中；也由

於他豐富的經歷，所分享的故事及案例，也多是自己親身經歷，因此，在他的授課內容中特別強調，「我所說過的話，就是我自己曾經做過的事。」

而且李明峯總能把艱澀的理論與實務整合，令他的授課風格充滿熱情活力，與學員的互動度高，感受得到強烈使命感跟親和感。到現今為止，他已經累積了超過 500 場次授課經驗，而目前授課內容多以「志工培訓與環境教育」、「體驗教育與學習成長」、「團隊培訓與活動領導」為主軸。

從童軍參與者，到社團經營領導者、成為一位專業講師，再到跨域引導、專業助人工作者，李明峯立志用生命影響更多生命，引導並協助需要幫助的人解決困難，並且找到適合自己的人生路；他希望能在講師的生涯中走得更廣、更遠、更具影響力。

• 見證世界的改變，找到改變自己的關鍵點

在 COVID-19 疫情期間，越來越多人在談斜槓、嘗試斜槓，斜槓似乎成為一種顯學，但疫情又給人們帶來什麼樣的改變？在經營斜槓生涯中又要如何提升自己？李明峯有三點觀察：

1. 對傳統與現代價值觀的挑戰：

　　疫情開始後，大家在生活上不可避免會產生種種改變，例如以往大家習慣去賣場採買、去餐廳吃飯，但現在大家開始習慣線上購物，或請外送平臺送餐；原來在辦公室一起工作的同事，必須分流上班或在家工作，改以線上方式開會。傳統的價值觀念及生活方式逐漸改變，而放眼未來的社會，改變勢必持續下去。

2. 全球化社會牽一髮而動全身：

　　這次疫情影響是全球性的，沒有任何人能置身事外。大家可以注意到，當澳洲及紐西蘭疫情惡化，奶粉及肉類的供應就開始緊張；巴西疫情一直沒有得到控制，紙類製品的價格就一直上漲；中美之間的貿易大戰，更造成全球產業結構改變及生產基地轉移。建議大家要關注國際時事脈動，當遇到變動時才比較不會措手不及、難以應對。

3. 工具方面水能載舟亦能覆舟：

　　由於遠距工作的需要，人們開始習慣使用視訊軟體及相關硬體設備，在不適合外出的防疫期間，大家更熱中於運用像是 LINE、Facebook、Instagram 等社群平臺，作為人與人之間的聯繫工具。這樣的改變使得人際溝通更加快捷便利，也有許多朋友利用這些工具成功

開始展開斜槓人生或創業。但李明峯呼籲大家，要避免把自己封閉在螢幕後面，而逐漸失去與人相處的溫度、忽略實體世界與人交流互動的關係。

也因為上述所提及疫情所帶來的影響，李明峯認為，無論在生活還是職場上，要提升自己的 3 力——**「洞察力」**、**「應變力」**以及**「創新力」**，有助於更快適應後疫情時代的改變，在想要發展斜槓生涯時，也能比別人更精準看到「關鍵點」所在，為自己帶來成功的機會。

• 經營斜槓應有的準備及心態

而在經營斜槓生涯時，我們又應該培養哪些能力？需要擁有什麼樣的心態跟觀念？李明峯以自己為例，「因為從小就是童軍，助人的信念深刻在我心中，我也持續去實踐。」是的，李明峯帶領社團從事公益活動，也往助人工作的路上不斷努力，更是一名講師。但是在這條路上，他也遇過困難及挑戰。

事實上在不久前，李明峯因為長期熬夜忙碌，某日他竟然在家昏倒，被醫師通知緊急住院。當你想要像「八爪章魚」一樣多元伸展觸角，如同李明峯同時在多方面努力，難免會遇到時間分配不夠或精力

不足的問題，所以在心態上必須適度調整，因此依然在不斷前進的李明峯，與大家分享他自己的心得體悟。

首先，在你開始考慮斜槓時，不要害怕質疑自己，但不需要因為質疑而遲疑，質疑是一種省思，而不是讓你退縮的藉口。「我也常常質疑自己，但我質疑的通常不是『我該不該做』，而是『怎麼做才能做得更好』。」他指出，因為質疑，所以才能提醒自己如何避免之前曾經犯的錯誤，如何運用之前成功的經驗把事情做好。

其次，就是要清楚知道自己將會付出的代價，也就是機會成本。李明峯認為，要做好任何一件事，勢必都需要付出，他舉自己講師經驗為例，課前準備工作就相當多，除了彙整授課內容之外，還要設計好課堂上的學習活動與備案、對焦邀課單位與學員的需求，這些都是要耗費時間心力去準備的，更是身為講師的職責。

所謂「臺上一分鐘，臺下十年功」，這些時間心力就是李明峯為經營斜槓生涯、轉型成為講師所付出的代價。但這一切值得嗎？是的，他認為很值得、不會後悔。

「我並非為了接課而接課，在我心中講師不只是職業更是志業，期許自己能發揮影響力，啟發學員看見自己生命可能。」**因為自己真**

心認為「值得」，所以願意付出實現目標所需的代價，更要讓這些代價能夠值回票價。此外，李明峯引用「IKIGAI」觀點來談斜槓生涯的經營法則。

• 每天早上喚醒你的，可以是理想

「IKIGAI」是由兩個日文字所組成，IKI 是生命，GAI 是希望的實現，日本人用來描述生存意義。**簡單來說，就是找到生命存在的意義並努力實踐，享受生活的當下。**李明峯認為，這觀念對斜槓經營者格外重要。

期許每天早上喚醒你的可以是理想，而非你不喜歡、但又不得不去做的事，像是枯燥無味每天好像都在過一樣的日子，建議用不同視角來看待原本的生活……當然每個人面對的生活情境不同，但如果你有這些困惑，渴望改變自己，卻又不知從哪裡開始，不妨考慮以下建議。

第一，請先想想**你喜歡做哪些事情，哪些又是你特別擅長的事**；第二，請看看你周邊的人事物，**有哪些事需要你來做，又有哪些事別人會心甘情願付錢請你做**；然後將以上這兩個部份嘗試組合起來，找到它們之間的交集，這會有助於省視自己真正想要過什麼樣的人生。

就像李明峯自己，帶領活動是他最擅長及享受的事，這造就他的「熱情」；他對投入環保議題及社會公益很有興趣，同時也是這社會需要他去做的事，這就成為他的「使命」；而他把這些實務經驗轉化為別人所需要的內容，就會有人願意花錢請他上課或帶領活動，這造就了他的「專業、職業及志業」。

然而，經營斜槓生涯其實就是從你現在習慣的每日生活中，再加入更多生命經營元素，李明峯推薦大家花點時間試看看，把「社會價值」加入「人生價值」的選擇，生命的視野會變為寬廣，此外他提出「SLASH 核心 5 步驟」提供大家參考。

S—Seat（定位）：

真正的斜槓必須有「核心主軸」，而非為斜槓而斜槓、什麼都學卻不精，因此探索自己適合的位置是重要關鍵。

L—Listen（傾聽）：

傾聽內心真實聲音，成為有選擇的人，而非被人選擇，為自己的選擇負起責任。

A—Action（行動）：

「不需要很厲害才能開始，但需要開始才會很厲害」，要將「想

法」化為實際「行動」，過程中加以優化，調整好繼續出發。

S—Story（故事）：

不必羨慕別人斜槓生涯經營有多成功，因為每個人都是獨一無二的個體，鼓勵大家創造專屬自己的故事，但感動別人前，記得先感動自己，如此故事才會有生命力。

H—Helpful（助益）：

除了藉由經營斜槓讓自己有所成長，並反思自己還能為這社會帶來哪些正面價值與意義。

• 斜槓生活的目標設定法

許多人在設定目標時，往往太過樂觀或好高騖遠，尤其在開始經營斜槓的初始階段，要先做好目標管理，避免讓自己落入「瞎忙」的窘境。

因此，李明峯推薦用管理學大師彼得・杜拉克（Peter Drucker）提出的「SMART」法則，來協助自己設定目標。所謂 SMART 法則，就是 S—Specific（明確的）、M—Measurable（可衡量的）、A—Achievable（可達成的）、R—Relevant（有相關的）、T—Time-bound（有時效的）。

第一，設定的目標必須具體（Specific），不要過於籠統，例如「我

每天可以花兩小時來經營斜槓」，而不是「我每天都要花時間來經營斜槓」。

第二，設定的目標必須是可以衡量的（Measurable），例如「我經營斜槓前三個月內，能動用的預算是每個月五千元」，而不是「只要有多餘的錢，我就拿來用」。

第三，可以達成（Achievable）的目標，才叫理想，不能達成的目標，只是幻想。例如「在經營斜槓六個月後，我每個月要多出一萬元的收入」，而不是一億元。

第四，目標的設定要有關聯性（Relevant），例如「我要開始經營烹飪線上課程，所以要學習營養學」，而不是去學汽車維修。

第五，目標的達成要有期限（Time-bound），不能無限延長，例如「我要用兩個月的時間，在今年 12 月 3 日前上完基礎營養學課程」，而不只是「我要上完基礎營養學課程」。

• 斜槓人生──成為自己生命的 MVP

經營斜槓的人生，建議認真把握每個可以改變自己的契機。而生活跟生存問題並非人生單選題，多用心傾聽自己真實的聲音、多嘗試

探索，就有機會走出自己的康莊大道。

相信每個人都可以成為自己的 MVP，當你認真，別人才會當真；秉持與人共好的態度來經營斜槓；盤點自己的資源、能力、天賦、專長；找到自己的社會價值，發掘自己的熱情，進而成為別人還有自己的貴人。

李明峯深信，**斜槓的目的是為了讓自己更能選擇去過有意義的生活**，並且分享自己的信念。當你把這些當成自己的使命及職志，去享受學習、享受挑戰，斜槓生涯的經營將能為自己的生命從原本的不可能（Impossible）開創出更多的可能（I'm possible）！

李明峯 Linktree

李明峯 小檔案

環保星勢力志工隊創辦人／資深推廣講師
財團法人十大傑出青年基金會志工隊長
英國劍橋®FTT引導式培訓師（國際認證）
美國ＡＬ加速式學習引導師（國際認證）
亞洲體驗教育學會助理引導員認證
第一屆臺灣永續行動獎傑出永續青年得主
勵活課程設計中心特約講師
集思行旅文創股份有限公司永續教育長
教育部青年發展署竹苗青年志工中心業師

12

從說外星語的工程師
到樂於分享的講師

斜槓篇 — 林易璁

　　林易璁曾經在資訊與通信產業擔任工程師超過 20 年，在這段期間裡，他除了不斷在自己的本職學能上更加精進以外，更從未停止嘗試、探索生活的其它可能性，終於在工程師生涯之外，走出一條自己更加嚮往的人生道路。

　　林易璁是個對學習有極度狂熱的人；每隔一段時間，他會給自己設定一個學習的目標，例如他想學習某些專業知識，考取某張專業證照，就會努力去執行、完成目標。他不但擁有資訊專業證照，也有專案管理師、職涯發展師、保險相關證照等，堪稱「證照達人」；而且在 10 多年前，他就拿到淡江大學管理科學研究所 EMBA 的學位。

　　由於熱愛學習，加上作為工程師的專業，他很早就有當講師的經驗，不只幫忙社團朋友上課，也為客戶的工程師們上課。當年這些課程幾乎都是資訊通信專業課程，為他累積了不少授課經驗。

但他事後回想，那時授課還不改工程師本色，使用的語言對學員來說可能就像「外星語」。如何將艱澀專業的語彙轉化為一般人可理解的語言，是想成為講師的他必須克服的一關。

隨著學習的科目越來越多，他的授課範圍也越來越廣。一次因緣際會下，他離開了工程師工作，從兼任講師轉型為專任的講師。

• 遇失業危機，期許自己成為助人者及分享者

回顧起這段講師路，林易璁頗有感觸，當年他曾在一家新創公司擔任軟體開發的工程師，卻巧遇美國金融風暴席捲全球，當時公司因為缺乏資金、無法繼續經營下去，他也因此失業，甚至向政府請領失業給付。在這生涯艱困的時刻，他沒有放棄，依舊參加許多課程，不斷充實自己，為將來打下良好的基礎。

但由此他也體認，遭遇職場亂流，再努力的人也可能失業。於是他許下了一個志願，希望自己能由坐在台下的「學習者」，成為站到台上的「分享者」；由台下的「受助者」，成為到台上的「助人者」，幫助他人度過職場危機。

工程師出身的林易璁，條理分明、按部就班，總是花上數倍於課

程的時間來備課，仔細的規畫課程，運用工程師的思維模式，從以下三層面來協助大家改變自己。

- **Why**：引導學員運用新的觀念與技能，協助個案梳理問題與突破職涯現況。

- **How**：在課程當中分享自己的知識及經驗，並且針對個案學員給予諮詢協助。

- **What**：運用思維邏輯從更高的高度來看待目前的議題；運用資訊科技搜尋並分析資料，做出未來的計畫。

　　也因為工程師生涯縝密的思考訓練，以及過往的產業背景，他對於數位工具的運用特別熟悉，再加上他的管理學背景及職涯發展的專業證照，使他的職涯規畫課程相當受到歡迎，多元的專長，也倍受各界關注。

　　從「外星語工程師」到職涯規畫師，林易璁經歷過一段工作習慣、溝通方式及個人心態的調適與轉換過程。不過數年光景，現在的他除了在 104 人力銀行擔任履歷健診顧問及職涯診所 Giver 外，還受邀到各級學校、政府機關、公司、社團等單位講授課程。專業、認真、熱心的態度，讓他在業界擁有非常高的評價。

近年來，林易璁也以自己成功的經驗，致力於授課講師的工作。他說，「許多人有很好的想法，也有教學相長、助己助人的觀念，但是要成為一個好的講師，還是要經過一些指導及訓練。」尤其對多數想踏上這行業的新進講師來說，他們通常是從另一個本行「斜槓」過來，如何在不同行業間順利轉換角色，是相當大的挑戰。

林易璁期望有志於講師事業者，首先要有個觀念，「我是一位知識分享者、助人工作者、專案管理者跟機會創造者，而不是一個只為了增加收入的兼職者」；其次，講師要能加大課程的溫度及深度，創造連結的機會，幫助大家擴展人際關係的厚度，還要能針對個別的學員，給予陪伴、諮詢，解決他面對的困難。抱持這樣的觀念及熱忱跨入講師領域，這條路才能走得更加長久，自己也能同時獲得更多金錢以外的「報酬」。

從資訊通信工程師到職涯顧問與授課講師，林易璁的斜槓人生走得豐盛又多采多姿。以此作為一生的志業，他對於這份生涯抉擇深自期許：希望成為用生命影響生命的講師，協助他人走出迷網的困境，協助他人找出生命的亮點，協助他人做出正確的人生規畫。

• 疫情下數位化的挑戰

2020 到 2021 年是巨變的兩年，由於疫情影響，數位化的浪潮不斷擴大，不管對個人或是企業都是如此。基於專業的資訊通信背景，林易璁也觀察到這點，他認為這個趨勢不會被反轉，甚至在未來將會更加速影響我們每個人的生活。

他觀察到，學生必須在家上課，許多公司開始讓員工在家上班或分流上班，學習各種軟硬體的運用，將成為一門顯學；而資訊通信產業的更新極快，隨時隨地都有更具效率、更方便使用的產品出現，大家都得隨時注意資訊，跟上時代潮流，才不會被淘汰。

在產業界方面，也迎來一場革命，如何成功的運作網路，成為非常熱門的學問，例如大家不出門採購、改為線上購物，那麼如何在最短時間內吸引消費者目光，就是一門大學問。

而在林易璁的講師事業中，他也在積極做改變，如何從面對面的線下教學，改變成面對電腦的線上教學，或是混合式教學，想要讓學員們真的學習到知識，又不會感到內容貧乏及無聊，這些在在都是挑戰。

然而，最壞的時代，也許也是最好的時代，林易璁開玩笑的說，以前要企業或員工做數位化轉型難上加難，因為需要大量時間跟硬體

成本的額外支出，沒想到如今疫情成為轉型的最大動力！從增加員工自我能力及企業競爭力這角度來看，今年或許是「奇蹟的一年」；雖然感受到莫大的壓力，卻加速了大家的成長。

• 培養能力，面對時代的轉型

面對這些新的轉變及挑戰，林易璁認為，在職場上，在家庭生活中，一定要培養一些能力或改變自己的工作觀念及習慣，才能在後疫情時代繼續成長，他列出了幾個重點。

1. **資訊能力**：要習慣遠距工作、遠距教學，要能熟悉數位工具的運用，並且隨時去發掘更優質的數位產品，不論是軟體或硬體，這會讓你的工作及學習更有效率。

2. **應變能力**：因為與孩子居家相處的時間變多，在教養的方式上勢必有所改變，父母要能隨時修正自己的心態，儘量用引導的方式，避免高壓的手段，來教育孩子。而在生活方面，網路消費的時代可以說是全面到來，大家都應該仔細想想，從疫情開始的這一年多來，你是不是有過度消費的現象？有沒有買了很多其實不需要的東西？這都在考驗你我的生活應變能力。

3. **溝通能力**：當數位時代來臨，線上會議、異地溝通，成為工作中不可避免的內容；不同於傳統面對面的溝通，螢幕前面的對方跟你，都要精準的把問題提出，利用數位報表取代傳統的簡報，把數據呈現出來，這些能力就變得非常重要。

4. **自律能力**：因為在家工作，其實不像以往我們習慣的離家打卡上班，扣除了交通時間後，或許我們可以睡晚一點；又因為不在辦公室中，沒有了同事之間的彼此監督，或許我們會偷懶一點。在人性當中，或許難免都有這些行為，所以大家一定要有自律的能力與時間管理的觀念，什麼時間該做什麼，就要把工作做好。

● 斜槓路不容易，心態決定了你的格局

面對疫情，我們在生活及工作上或多或少感到壓力，而不得不做出改變。林易璁認為，我們更該用正面的態度勇敢面對這些挑戰，這就是「轉型力」，甚至將危機轉為契機，進一步發展出人生的多角化經營，他舉了幾個例子說明。

大家有沒有發現網路名廚越來越多了？一些很會辦桌的廚師，因為少了婚宴聚會，開始利用社群軟體教導大家怎麼做菜，因為現在大

家有更多的時間在家做飯。一來他們行銷了自家商品，二來他們也迅速的累積了自己的知名度。觀察某些名店的外送食品，賣得其實不錯。

還有更劇烈的轉型例子，一位國外的 OL，因為疫情關係每天在家裡做瑜伽，因為一個人做太無聊，就邀約朋友一起做；於是她的伙伴越來越多，她開始開發線上課程，透過網路直播，帶著同好一起做瑜伽運動。她後來索性辭去工作，成為一位非常受歡迎的瑜伽課程講師。

有很多人會希望，將自己的興趣作進一步的發展，成為另外一個斜槓的事業，就如同前面提到這位喜歡瑜伽的 OL，那麼該抱持什麼樣的心態、及如何去做，這段路才能走得順遂？

林易璁認為，一個人的興趣，往往是經由「忘時」、「忘我」、「忘成本」培養出來的。要把這種非常自我的活動轉換成事業，如同電影《靈魂急轉彎》所述，是一場不斷探索生命意義的旅程。「興趣」要結合自己的能力、社會認定的經濟價值後，才等於「工作」；而在過程中會支持及認同你的，一定是跟你有類似興趣的人，所以要將心比心，知己知彼，保持助人的心態，才能做好行動的抉擇。

而要走上更高一層的斜槓經營之路，他以「三個工匠」的故事來提醒大家。

有三位工匠在蓋房子，路人問他們正在做什麼？第一個工匠說，「我在疊磚塊」；第二個工匠說，「我在蓋一棟可以住很多人的房子」；第三個工匠說，「我在蓋一座可以讓這個都市更美麗的建築。」十年之後，第一位工匠始終還是在疊磚塊；第二個工匠成為蓋房子的工程師；第三個工匠則成為一位都市發展規畫的專家。

三個工匠做的是同樣的工作，但是他們的心態是截然不同的，這也代表了他們在做同樣的工作中，卻感受到了不同程度的成就與快樂。林易璁認為，在經營自我的興趣時，一定要保持自己對興趣的熱愛，不要陷入對金錢報酬的患得患失之中，並且將這份熱愛持續下去，這樣的斜槓經營，才能走得長久，走得成功。

• 不要畏懼改變，最終你會看見它的意義

在世界因疫情而變動的這階段，每個人的人生多少都發生了一些轉變，或許我們現在不能預知、或期待這樣的轉變在未來可能的發展，但它勢必有其意義。林易璁與大家分享了一段蘋果公司創辦人之一史蒂夫・賈伯斯（Steve Jobs）說過的話：

「當我在大學往前看時，發現把人生的節點連接起來是不可能的，

但十年後我往後看，節點的連結是非常清楚的。再提一次，往前看時你無法把這些節點連起來；只有往後看時你才能連接它們。所以你必須相信，這些節點將在你的未來以某種方式連接。你必需相信某些事情——你的直覺、命運、人生、因緣、不管是什麼——因為相信節點將在未來的人生中連接起來，將帶給你信心，即便它引領你離開已被前人踏平的步道，而那將造就人生所有的不同。」

賈伯斯在大學時專注於課堂外的藝術及禪學，在結束學業後，他曾到印度苦行七個月。大家知道，他創造了蘋果電腦、蘋果手機等頗受市場歡迎的高科技產品；但他也曾經是皮克斯動畫工作室的創辦人之一，以及動畫電影《玩具總動員》的執行製片人。如此多樣的斜槓人生，來自於他人生中不斷的轉變。

林易璁說，或許我們沒有賈伯斯的高智商與能力，但是我們可以跟他一樣，不斷學習，不斷適應，進而創造屬於自己斜槓人生。他引用《道德經》中的一段話，「道生一，一生二，二生三，三生萬物」，你的核心職能、核心的人生價值觀，就是你的「道」；可再以這個道為基礎，去衍生出多個專長、多個信念。

請仔細想想，五年以後，你想成為怎麼樣的自己，想成就什麼事

業？然後以此為目標，去設定好自己的學習地圖。

　　林易璁建議，學習適合自己的思考以及問題解決方法來因應不斷變化的外在世界，也要學習更多專業的知識，例如資訊、理財、溝通等等；並且在既有的生活與發展未來的努力中，做好時間上的管理以及心境上的平衡。

　　他同時強調，獨行俠式的學習跟體驗是不夠的，他引用美國暢銷書作家湯姆‧雷斯（Tom Rath）在其著作《人生一定要有的 8 個朋友》中的這段話：「人一生需要的 8 個朋友：推手、支柱、同好、夥伴、中介、開心果、開路者、導師」，多參加社團，多參加讀書會，多參考別人的經歷與經驗，開展自己的人際關係，將為你帶來最多的幫助。

● 適應轉型的五個心法

　　我們常看到，即使一個人培養了多元的能力，也有了堅強的心境，但要踏入另一個新的領域及產業，依然會面臨適應的問題。林易璁提供給大家一些方法，在斜槓轉型的路上，會給大家帶來更大的力量。

1. **善用模型思考**：可以善用 GROW 模型思考，所謂 GROW 是指**目標設定（Goal）、檢核現狀（Reality）、選擇方案（Options）、以及**

計畫行動（Will）。簡單來說，就是問清楚自己的目標是什麼，檢視目前面臨的問題是什麼，思考有哪些方案可以解決，選擇好方案，並且去實踐。

2. **不要過度樂觀**：在經濟方面，最好準備半年以上的緊急預備金，避免轉型的經營出現意外時，生活陷入拮据。

3. **經營第二曲線**：把斜槓轉型當作是人生的第二曲線，保持健康及開放的心態，不要怕人生因此歸零。就如賈伯斯所說，你現在不會知道轉折的節點會為你帶來什麼，但在未來的某個時刻，你就會見到它的意義。

4. **請教專業人士**：多向前輩、過來人及專業人士請教，最好能跟他們討論自己對未來的想法及預計採用的作法，多吸收及接納別人的意見及想法，這樣會比較容易找到適合自己的路。

5. **切勿操之過急**：以攀岩活動來為例，攀岩的原則就是身體「三點不動、一點動」；同樣的，在你真正走到完全的斜槓人生前，請保持生活的穩固，三點不動、一點動，小心穩定的移轉，一點一點向上攀爬，終究會抵達頂峰。

• 給讀者的建議及勉勵

以自己經營多角化人生的斜槓經驗，林易璁對所有想自我經營斜槓人生的讀者，提供了一些建議及勉勵。

首先，請設定自己的願景，人生任何的轉型都不容易，靜下心來，傾聽自己內心的聲音，想像自己未來的樣子；而後，你會發現到自己的核心理念，於是去思考，自己會些什麼？又要在哪些方面補強自己欠缺的能力？做好時間管理，努力學習，也要參考其他人的經驗，降低失敗的風險。

其次，在轉型的過程中，最忌諱的就是抄近路。切記，走最近的路不一定最快到；有時最遠的路，反而能最平安的抵達終點。

最後，斜槓的轉型路上，一定有失敗及坎坷，不要害怕失敗，多方去嘗試。因為不管前進或是後退，你都已經在斜槓的路上了。加油，繼續走下去，你一定會成功！

林易璁 小檔案

勵活課程設計中心　特約講師

政府機構大專院校　職涯諮詢師

104 職涯診所　職涯診所 Giver

104 履歷診療室　履歷健診 Giver

企業講師聯誼會　訓練主委

中華益師益友協會　書記長

學到線上課程平台　說書人

GCDF 全球職涯發展師　認證

心智圖 C 級裁判　認證

AL 加速式學習引導師　認證

《個人職場品牌打造術》暢銷書作者

13

從混水摸魚水產業
走向精彩斜槓人生

斜槓篇 — 陳政杰

「我跟大多數人都一樣」，陳政杰形容自己是個很平凡的人。其實，他經營自己的斜槓生涯，一點都不平凡。

求學時期的陳政杰，沒有什麼特殊的經歷，他這樣形容，「我是成績到哪裡、就讀到哪裡，家裡也沒給什麼太大的壓力，對社會的狀況也不是很了解。」他也不怎麼強迫自己，就這樣順利的度過了學校生活。

陳政杰在大學的主修是「職業安全衛生」，跟這個專業比較有關的產業，大概就是建築工地、高科技業、化工廠等；學習的主要內容，就是幫助業者找出作業流程中可能出現危害的地方，提出避免傷害的方法，同時也要對勞工宣導，在工作時應該注意、應該遵守的事項及規定。也就是在這段時期，他才開始了解這個社會的一些樣貌。

於是，在課堂上有業界的老師來上課，他也得離開學校，去校外

的工作現場實習。這點對陳政杰來說很重要，讓他學習了怎麼去建立人際關係，以及如何從實例中找到解決問題的模式跟方法，這對他後來的人生歷練有很大的幫助。

退伍後出了社會，陳政杰投入了職場安全的工作。他有一位交情很好的大學同學，也是同行，他們常會一起討論，未來的人生目標是什麼？又想做到什麼樣的地步？

或許是因為家庭背景類似，他們兩人的家裡都還有一份家業，以後可能要回去傳承，他們都面臨到同樣的抉擇。在從事職安工作的這段期間，兩人一起摸索，如何走出自己的人生路？如何讓自己更好？慢慢的，他為未來粗略的摸索出一個方向。

● 回歸家業，把自己當作公司經營

後來，因為父母親身體不是很好，陳政杰辭去工作回家幫忙。他們家裡從事的，算是一種比較特殊的水產業，幫大型的餐廳或飯店做水產的「前處理」。因為這類型的客戶都是直接跟漁船或大盤商買漁獲，一買都是一整批，不管是現撈的、或是冷凍的，客戶沒有時間去做去鱗、去內臟的工作，就會委託專業的業者幫忙。

他在家裡做了兩年多，所以他常開玩笑的跟大家說，「我是混水摸魚的陳政杰，我的日常工作就是摸魚。」在家裡狀況穩定一些後，他想著，趁著年輕，應該去看看外面的世界，他想多學些什麼。於是在因緣際會下，他到英國打工度假，待了大概一年半。

　　在英國，陳政杰做過不少工作，其中一個是在咖啡館打工。有趣的是，老闆娘除了會沖咖啡以外，什麼都不會；於是他們兩個一起學習，一起實驗，怎麼把泡咖啡的流程標準化，也學著怎麼去做咖啡拉花。陳政杰很開心，他感覺到，他喜歡看到客戶的笑容，而客戶的滿足就是他的滿足，也從這裡學習到如何去做好「客戶服務」的工作。

　　在英國，陳政杰還從事過倉儲業的工作，因為表現不錯，甚至當到廠區的小主管。這是他人生中第一次從事管理工作，不但讓他印象深刻，也帶給他最多的反思。他常回想起這份難得的經歷，其實在那當下，他覺得自己做得並不好，他太在乎跟下屬間的關係，反而造成工作上一些不必要的困擾。但這經驗對他後來的人生影響頗深，也讓他開始意識到，該如何去當一個好的主管。

　　回國以後，因為家裡需要陳政杰支撐家業，他又回到家裡幫忙。在去英國之前，他在家裡的工作，其實就是父母親說什麼，他就做什

麼；但這時漸趨成熟的他開始思考，如何把人員管理好，如何增加工作效率，如何去服務好客人，甚至擴展更多的客層。於是公司的狀況越來越好，陳政杰也在這樣的過程中找到滿足。

更進一步的，他希望把自己當成一家公司來經營，希望自己也能變得更好。他開始思考自己有那些不足的地方，例如怎麼做到「正確的表達」，又如何能在最短時間內打動客戶的心。

於是他去社區大學上課，在上了一、兩學期後，他的老師覺得這個學生不錯，讓他到台上分享自己的經歷；慢慢的，他跟老師搭配成為助理講師，從台下聽課的學生，成為台上教授的師者。

• 開拓講師與廣播主持新人生

由於陳政杰過往的經歷，加上家族企業的歷練，他目前的講授內容是以「公眾表達」為主。自己也曾是台下學員的他，很理解學員們在學習正確表達時那種從零到有的過程，因此他秉持著「教學相長」的理念，透過遊戲及模擬的練習，讓大家自然而然的習慣於「當眾說話」，降低上台演說的壓力，快速提升自己在表達方面的能力。

為了做好講師這個工作，陳政杰去上演員班，學習肢體及表情的

傳達；他還上了聲音表達的課程，學習如何在溝通中運用正確的語氣跟語調。「很多人有不錯的想法、不錯的計畫，但是在面對群體時，他們就是講不出來。」他希望能幫助大家解決問題，幫助大家能清楚的表達自己想表達的東西，也希望在這個教學的過程中，能有更深的體悟。

除了講師之外，陳政杰也是廣播節目的主持人。在他 30 歲的時候，陳政杰發現，邁入 30 歲的人們好像都面臨到類似的問題，自己開始被比較，工作方面被比較收入及職位，生活方面被比較事業跟子女；在個人的生活上，30 世代也面臨一些問題，在家庭方面是婆媳感情及親子教養，沒結婚的被問什麼時候結婚，結了婚的則被問什麼時候生小孩……。

在與朋友們聊到這些時，陳政杰跟大家分享自己的經驗；當找他溝通的對象越來越多時，他也把其他人的經驗分享給大家。他希望讓大家了解，「不要緊張，我們都有類似的問題。」先冷靜下來，思考自己想要的是什麼，參考別人是如何去度過，再從別人的經驗中，找到適合自己的解決方案。

於是，陳政杰慢慢的成為這方面的專家，也接下了「三十所以」這個廣播節目，「我們面臨的問題越來越多，對於迷惘的未來，我們都顯得手足無措，希望透過這個節目能讓更多的朋友了解，我們都跟你一樣正經歷這些，而我們又該如何找到自己的路？」他笑笑的說，其實這也是一種另類的講師。

● 積極心態，規畫下一個斜槓生涯

對於自己的未來，陳政杰有更進一步的規畫，「原本接下家業，只是想減輕長輩的壓力，但是漸漸的發現，對於如何讓消費者吃到安心健康的水產，更會是一份社會責任，這想法敦促著我，把提供優質水產作為我的志業。」

台灣人熱愛海鮮，但對海鮮的知識卻未必足夠，他舉例，「你知道我們常吃的鮭魚，至少有 6 種嗎？」鮭魚隨著產地及品種的不同，價位自然有別，但一般消費者吃得開心之餘，卻無法分辨高下。

陳政杰期待憑藉自己在水產上的專業，成為這個產業的講師；尤其在疫情開始後，他更堅定自己的想法。「大家都在家裡煮菜，好多朋友問我，怎麼挑選便宜又新鮮的海產；也有同行的朋友問我，怎麼

去控制成本，怎麼擴展通路，讓消費者直接買到自己公司的產品。」

「現在食安觀念逐漸深入人心，我希望把正確的知識跟觀念傳播出去，讓大家買到便宜又好的食材；對於跟我理念相近，對品質有要求的同業，我也很樂意分享自己的經驗，甚至大家一起合作，盡到這份社會責任。」說到這點，陳政杰顯得格外意氣風發。

然而，跟所有的斜槓生涯者一樣，陳政杰也面臨同時經營幾個事業，時間跟精力該如何分配的問題。

他的做法是讓事業力求自主化，他逐漸在公司內建立一套制度，讓每個人在權限內發揮能力、運用時間，讓事業體自行運作，而身為最高主管的他，只要隨時了解公司狀況，負責決策就好。「公司走在正確的路上，我才有時間及空間，去發展自己的講師生涯。」

• 調整自我，面對數位化的多元世代

而在當前的大環境下，無論是個人或企業都面臨數位化浪潮，Covid-19 疫情更加速了數位化的腳步，逼迫每個人迎接新局。陳政杰認為，這正是讓公司做到自主運行的轉機。

他認為，我們必須調整心態，並且學習新的知識和工具，去適應

大環境的變化。當大量的活動都轉成數位化的時候，我們可以增進自己有關電腦以及手機的操作能力，包括學習線上通訊軟硬體設備的運用。

當大家都能習慣使用數據的傳輸，即時的讓事業體的成員了解公司狀況，並且做出決斷，這是最能增進效率的方法。例如減少在會議室的會議，改採用線上會議，這減少了人員移動的時間成本跟染疫風險，但是一樣能透過大家的討論來解決問題，或者達成某些共識。數位運用已經是必然的趨勢，我們也必然要去習慣這樣的生活

除此之外，陳政杰也以疫情時的線上活動來說明我們日常生活的改變，例如居家上班，透過手機或電腦的平台而進行的購物行為；透過直播進行的瑜伽、健身、烹飪、甚至學生在家的網路教學。要在未來的時代生存下去，就必然得讓數位化的運行模式，融入到個人思維的發想及實際的運作。

但是陳政杰更強調，我們還是不能放棄線下課程的學習，因為有太多類型的課程，還是必須透過線下的學習才能有所效果。例如他所進行的公眾表達課程，在電腦前面練習對 10 個人講話，跟在課堂上練習對 10 個人講話，截然不同。在疫情逐漸趨緩後，他認為，這些部分

還是得回歸到面對面的學習方式。

從接下家業的水產業者，到講師、到廣播主持人的歷程，陳政杰回想起自己如何進入斜槓人生，其實最初的目的，是想要增進自己的能力，並且實踐活到老學到老的精神，讓公司跟自己能夠更好。

在經過有系統的學習且持續不斷的練習後，開始走上了講台，教導學員與人生分享，透過這些經歷，陳政杰成為一位講師；然後希望因為自己及周圍人們的人生經驗，可以幫助大家解決生活中的一些迷惘，於是陳政杰又成為廣播節目主持人。

在這斜槓旅途中，除了學習怎麼從一個平台走到另一個平台之外，在不同的領域，像是如何規畫公司的營運、授課的安排、節目的時間及內容，甚至學習去如何運用不同的硬體設備.........。

他不停的從網路上搜尋資源，拜訪有相關經驗的前輩指導等等，其中的辛苦，真的很難用三言兩語來述說；而在背後支撐他的，就是「探索自我更多可能性」的那一份動力吧。

• 經營自己，做好時間管理

陳政杰提醒大家，大環境瞬息萬變，過去在職場上可以在單一領域或產業追求精進發展，「從一可終」；但傳統的生涯規畫觀念現在卻受到嚴重挑戰，只有一種專業、或只能扮演一種角色，好像不夠了，大家都在談「斜槓」，又要怎麼去培養「第二專長」、甚至「第三專長」。

他以自己的經驗來分享，先想想自己想要培養第二、三專長的初心是什麼？想要增進自己的能力，但是時間不夠怎麼辦？那就要仔細去檢視自己日常的行程，就是做好時間的管理。

盡量利用零碎的時間，必要時甚至壓縮自己休息的時間，找出可以利用的時間，他說，**「沒有做不到，只有不夠強烈的慾望。」**盡力多學習一點知識，這都是成為專業人士的必經之路，陳政杰很慶幸自己堅持下來，也不斷的砥礪自己不能忘記初衷；也跟所有想要走向斜槓人生的朋友們互相勉勵，「再辛苦，只要繼續努力前行，就有成功的一天」。

陳政杰也建議在學的朋友們，「終有一天，你們會離開學校進入社會，這個時候，人生的選擇變得非常重要。」如何在人生的每一步

都能做出對的選擇，就是大家必須去思考的。

他並分享自己當初的經驗，就是在每天睡前和睡醒後的五分鐘，仔細想一想一下，自己到底在追求什麼？每天不停重覆的問自己，直到找到最源頭的那部分，然後以此為目標，去判斷人生該往哪個方向前進。

• 維持初心，不忘根本

在這多元化的時代，其實有不少朋友會希望把興趣發展成可以變現的第二、第三專長，例如我們知道的很多達人，像是烹飪達人、釣魚達人、夜市達人等。

那麼，要怎麼去做，這條斜槓的經營之路才能走得順利？陳政杰有自己的看法，他覺得找到初心很重要，就像他在銷售海產時常會遇到很多「奧客」，他們就是一直問東問西，還嫌東嫌西，然後東西沒買就走了。這個時候，他當然會感到不快、甚至挫折。

但陳政杰繼而想到，他回家繼續發展水產事業的初心，就是分享知識和優質的食材給顧客，他能努力的，就是把最好的產品推廣給了解他產品的顧客。回歸這樣的初心，才不會因此而影響心情，也能支撐你在一條路上持續走下去。

走向成功斜槓的人生，並不容易，不但要培養專業，要有堅強的心境，更要能堅持。陳政杰以他成為講師前的一份感觸來勉勵大家，「能改變自己的是神，想改變別人的是神經病。」改變自己最難，希望大家都能用這句話來砥礪自己，嘗試去改變自己，讓最大多數的人接受你，來達成雙贏的目的。

• 保持空杯心態，隨時充實自我

陳政杰還觀察到一個現象：即使一個人已經培養了多元的能力，但在踏入另一個新的領域及產業時，在適應上面還是不太容易；尤其對一些已經在單一職場打滾多年的老鳥，特別是如此。那麼該怎麼去做，才能更快的融入新的斜槓領域？

陳政杰非常推崇所謂的**「空杯心態」**，也就是說，把自己想像成一個空的杯子，忘掉過去的成功，不斷的充實自己，不斷的追求卓越。

陳政杰認為，與其說踏入一個新的領域時須要有空杯心態，倒不如說人生的每一天，都要抱持這樣的心態來面對自我，去度過每一段時間，去感受每一天；保持所有的好奇，專注於每一刻的感受，學習好每一件重點，用有意義的行動來填寫自己的人生。

把這個心態應用在學習新的事物上，應用在實踐自己的期望上，如此才能成就好的專業。

　　回顧起自己的斜槓經歷，陳政杰以自己經營多元化生涯的經驗，給所有想要自我經營斜槓人生的讀者們兩個最中肯的建議。

　　他覺得最重要的事情，第一是在斜槓的過程中，**一定不要忘記自己的初心**，唯有堅定自己的目標，才能持續擁有向前的動力。

　　第二是**「學而不思則罔，思而不學則殆」**，在發展第二專長的時候，首先要開始學習，持續不斷地練習，而在學習的過程中，要不斷的停下來思考，否則很容易進到思想上的盲區；然後在必要的心態修正或方法修正後，還是要不斷的學習，才能夠更有效率的往成功的斜槓人生邁進。

陳政杰 小檔案

海鮮海產銷售
社區大學口才講師
魔術氣球教學老師
網路廣播節目主持

14

順境時找退路
才能在逆境下有出路

斜槓篇 — 陳韋霖

民國 90 年從學校畢業後，陳韋霖就進入保險業工作；兩年後，他轉換跑道，投身證券銀行投顧金控領域發展。在這段時間，他努力充實自己，先從營業員開始，後來在一年內同時考到了證券及期貨雙分析師執照，並進入投顧作研究員，後續自己投入專業操盤及教導客戶選擇權的操作。

在陳韋霖創業開始的期間，每周都舉辦投資分享會，邀請各行各業的朋友，一起來分享各自的投資經驗及知識，像是技術分析或其他投資工具的運用等等。集合的投資同好及粉絲越來越多，分享會也經營得越來越出色。

因緣際會下，他在一場分享會中認識了一位證券經紀商經理，並提供了陳韋霖一個工作室操盤，一開始只有自己一個人，後續也加入了一些選擇權學員一起來工作室操盤。慢慢的，陳韋霖把他的分享會

投資概念整理成一套槓桿操作模式，把經營的粉絲轉成收費的教學會員，除了一邊操盤，一邊開課教學，也會持續吸取新知、留意市場趨勢。

2016 年時，陳韋霖參加了一個課程「失傳的 37 個祕訣」，這是一個講授營銷方法的專業課程。上完課後，陳韋霖馬上現學現用、實際操練於他課程會員的推廣。只不過運用了 37 祕訣其中的 10 幾個祕訣，就在短短的一年多，把自己的教學市場足足拓展了六、七倍之多。

於是，陳韋霖開始對「營銷」這門學問產生強烈的興趣，他持續的學習，前後花了 200 多萬元在相關課程上面。在此同時，陳韋霖當然也並沒有放棄他金融業的本業，還是一直經營選擇權的操作。

隨著學生漸多，陳韋霖成為一位知名的選擇權老師，就這樣慢慢的，這些學員之後更進一步進化為集合投資的團體。

• 事業一夕變色　重新自學習市場站起

隨著陳韋霖操作策略的效果，獲利開始放大，有些學員私下請求把資金投入陳韋霖戶頭集中管理投資。因為選擇權投資有規模經濟，資金多更容易獲利，當投入學員都賺錢時，讓其他學員也紛紛投入，

金額越多，獲利越高；也透過獲利的數字讓更多的投資人願意投入學習，學習人數及投資金額都越來越大，這個事業也越來越風生水起。

而好景不常，2018 年的二月，這樣的模式卻成為悲劇的開始。

陳韋霖回憶當時，沉穩的語調中帶著一點淡淡的滄桑。「那年的 2 月，我去新加坡參加了安東尼・羅賓（Anthony Robbins）的課程；2 月 5 日，透過 LINE 的留言，台灣的操盤團隊告訴我，投資部位出現了嚴重的狀況。」更可怕的是，當晚因美股暴跌，在 2018 年 2 月 6 日這一天，發生了金融史上最可怕的「期權大屠殺」事件。

陳韋霖簡單說明始末，因為台股指數波動率放大，選擇權價格出現了買權及賣權都噴出的情形，這時候賣方保證金瞬間暴增好幾倍，讓很多投資人的保證金不足被期貨商瞬間在未來得及通知補倉就強制停損出場；進而衍生蝴蝶效應，並出現多檔選擇權履約價買權賣權均出現漲停價的不合理情形，讓手上選擇權賣方持有部位的許多投資人在那短短一天之內，不止賠光所有帳上金額，更因此產生了超額損失，甚至是當初投入資金的好幾倍。

那種慘狀，就好比一家保險公司賣出的 1 萬張保單，在同一天發生 9,999 張保單都是要理賠的……，讓很多賣方投資人因此面臨破產

的窘境，就算是去抗議，仍無法得到合理的解決方法。

那天之後，陳韋霖的人生可說是瞬間由天堂墜落地獄，歷經人情冷暖，也見識到人性脆弱的一面，於是他選擇了從金融世界逃離。幸好曾經在有能力時花下相當的心力及時間學習營銷，讓他因此能夠找到人生的另一個舞台，在「教育訓練」的這個市場上重新又站了起來，並且一直走到今天。

目前陳韋霖所專擅的領域，是教導大家如何在 LINE 上面經營社群的營銷，並且利用 LINE 這個工具去推廣自己，在 LINE 上面賺到錢。

• 走上講師及社群經營的斜槓路

除了在金融業的授課經驗，陳韋霖半開玩笑的說，其實他很小就已經走向講師這條路。他說，國中的時候，他很喜歡一位成績優秀的女同學，但是這位女同學的數學相較全科之下是比較弱的，他就很努力的加強數學這門課，結果成績越來越好，還成為教導班上同學的小老師。

透過從小累積的教學經驗，陳韋霖逐漸發現，自己好像比他人容易掌握學習的盲點。也是因為這個經驗，善於教學這特點帶給他很大

的幫助。後來他走向社群營銷之路，同樣受惠於這種能力，因為社群營銷的教導會遇到更多不同類型及階層的學生，也會遇到不同的學習課題，他總是能夠幫助大家解決問題，得到更好的成效。

陳韋霖強調，一個好的講師，除了具備知識及學問，更重要的是要有實務的操作經驗，這樣才能在課程中，以引領跟分享的方式，讓學員真正的學習到東西；而且課程的內容也更簡潔有力，不會拖泥帶水，也才能幫助學員去解決學習時遇到的問題，並且突破盲點。

「我花了很多的時間和精力在學習營銷上，也看到很多朋友希望運用營銷的技巧，找到人生另一條路。」陳韋霖指出，「我覺得這是個機會，是他們的機會，也是我的機會。」

陳韋霖不諱言，在金融操作的路上就曾被提醒，「既然可以獨善其身，那自己賺錢就好，為什麼還要跟大家分享這個賺錢的方法？」

「賺錢了，人家不見得會感激你；但是若賠錢了，大家一定罵死你。」其實這就是人性，但最後他還是沒有改變，一樣希望把自己所學傳授給需要的人，就像他現在經營的課程及社群一樣。

如今，陳韋霖會透過社群的經營，擴大自己的人脈；他同時教導學生及社群的朋友如何去經營社群；他也協助其他對社群經營不那麼

在行的講師或機構，用最有吸引力的方式，讓社群中所有人認識課程的主題、及掌握學習的內容。

然而，學習是要花費龐大的金錢及時間，但陳韋霖希望能讓大眾用最少的時間及最小的代價，而達到最大的學習效果。在未來的講師生涯及永續經營的社群領域中，他將會一直秉持這個原則，為大家帶來更多更豐富、更精彩的學習體驗。

● 疫情帶來的數位革命，反而是轉型契機

在身為金融人的那段生涯中，陳韋霖就相當熟悉於數位工具的運用，金融商品的買賣是透過電腦及網路；學員及團體成員的交流，則是透過 LINE 群組。這樣的演變帶來便利，也必將改變人們的溝通模式，陳韋霖很早就預見這些變化了。

而這波疫情，更加速了改變的速度。「我現在在做的、在教的，就是線上營銷。」陳韋霖形容，「疫情反而成為我這個主題的加速器，也證明我的觀察是正確的。」

其實陳韋霖目前經營的方向，不一定是直接銷售自己的課程，「引

流」才是他經營的主力，也就是透過自己的平台，協助其他老師推廣他們的課程，從中獲取利潤。「我賣的其實是人，不是商品。」

比較簡單的說，透過社群的連結，人們從陳韋霖的介紹中，找到自己想學習的課程，進而透過平台的連結，找到適合自己的老師去上課。「在學習市場中，我好比是一個新聞台，並且是一個可信賴的資訊傳播平台。」

陳韋霖提出一個槓桿概念，很會賣東西的人，可以分為兩種，一種是很會自己賣單一種產品，例如時尚達人很會銷售服裝、飾品、鞋子什麼的；另一種則是什麼東西都能透過別人來賣，自己無須什麼都要了解的「斜槓」作法。

但是要怎麼做到這點呢？陳韋霖特別指出，首先要建立自己的渠道，就是要先經營好自己的群組，多方面的去吸收社會各個不同的粉絲，並且多學習不同領域的知識去經營自己的群組，擴充自己的人脈，經營好自己的粉絲團。

而如何讓別人來加入你的群組？這就是經營人脈的關鍵，除了群內提供豐富的內容及福利，還有很重要的一點，就是要加強自己的溝通能力，尤其是能透過網路，做到線上授課的公眾演說能力。

要從斜槓的事業中獲利，人脈的經營是不可或缺的，**「而在經營別人之前，你應該經營你自己，」**陳韋霖這麼說。

• 適應瞬息萬變的世界，經營自己的斜槓人生

面對疫情以來的世界變動，陳韋霖認為，「我們再也回不去過往的那個世界，或許還有少數行業的少數人，還可以在他們的行業或產業裡發展得很好，甚至做到『從一而終』，但大多數的人不會。」

他舉自己為例，「我原本在金融業發展得好好的，也以為自己這輩子都會吃這行飯，怎麼會想到，整個大環境遭受制度性跟類系統性的風險，讓我摔了那麼大一跤，不只損失了龐大的金錢，也從此失去這份事業。」他相信，未來的世界會更加無常，變動將更巨大。

陳韋霖指出，很多時候，人們不是因為自己想改變而改變，也不是因為自己的問題才改變，是因為產業生態變了、職場環境變了、甚至自己的老闆變了……。如果自己不事先做好改變的準備，必定無所適從。

他深自慶幸，「還好當初有錢的時候去參加了很多學習營銷的課程，現在的我才有轉型的機會，懂得怎麼去經營自己的人脈、粉絲團

及社群圈子，讓我能透過經營社群來獲取收入。」

因此，陳韋霖衷心送給大家一句話，「天有不測風雲，沒有人知道明天會發生什麼事情；但是**一定要在順境時找退路，才會在逆境中有出路。**」

• 培養第二、第三專長，並且將興趣再專精

那麼，什麼會是人生順／逆境之間的退路與出路？應該就是個人的第二專長、甚至第三專長。

陳韋霖以他熟悉的金融業來說明，現在人們的理財觀念在改變，以前的人習慣把錢拿去存定存、買黃金，現在的人則會運用各種理財工具來投資，例如基金、股票、期貨指數、甚至虛擬貨幣等等。那麼擁有專業金融知識的從業人員，這就是他們的優勢，也或許是開展斜槓人生的一個機會。

但每個人的行業別不一樣，每個人的第二專長、第三專長，那得靠自己去發掘。另一個可能的路子，或許是自己的興趣，相信很多人都有自己的興趣，但是要把興趣經營到別人也對你有興趣，那就得更專精在這個領域上。而學習則是最好的方法。

陳韋霖提醒大家，大部分的人會覺得，離開學校後，就不必學習了；但事實上，離開學校以後，才是真正學習的開始。書本上的知識就只是知識，要能運用在職場的環境中，那才會成為「能力」。

• 下班之後，才是人生決勝點

陳韋霖說「下班後的時間運用，才是職場決勝的關鍵」；陳韋霖在經營社群營銷時也觀察到，有些人覺得學習沒有什麼效果，那是基於兩個原因，一個是沒有把所學實際去運用，學了不用，等於白學。當你發現問題與困難，你可以尋求他人的協助，你也可以靠自己摸索，但悶著頭自己學，然後不知道學的東西是對的、還是錯的，是相當浪費時間成本的。

他建議，如果可能，最好是能跟著一個教練（coach）學習，這個教練可能是課程的講師，也可能是你在社群認識的前輩或達人，這樣的學習效果會更好。

甚至有很多人會覺得，每天忙得要命，哪裡找得到時間來學習？陳韋霖提出一個方法，就是盡可能的把自己能運用的時間切割開來，然後在切割出來的每個時段去做固定的事。例如把自己學習的時段、

運動的時段、甚至陪伴家人的時段都分別切割出來，在那個時段，就專心做一件事。

像陳韋霖自己，就是把每天晚上八點至九點獨立出來，把這個時段設定為心無旁騖的學習時間，學習新知、搜尋資料，或是在群裡分享一些學習性的心得或經驗，而他在社群中的群友也習慣在八點上線，跟他一起分享。

陳韋霖認為，**分享也是學習的一種方式**。在分享的過程中，或許你會學到別人更好的方法，讓你少走很多冤枉路；也不必怕別人學到你的方法，所謂「教學相長」，在指導別人的過程中，你也會有新體悟。

• 投入新斜槓時，勿輕易全身投入

人生經歷了許多成功與失敗，陳韋霖以自身的經驗提醒大家，在投入斜槓人生時，想法要大膽，學習要努力，但是作法要保守。

有些人在準備斜槓的開始，就抱著太過理想的預期，一下投入太大的金錢及時間成本。我們當然希望看到成功，但多數是回報不如預期，完全失敗的也所在多有。

另一個狀況則是，在投入的初期就得到豐富的回報，於是加碼投

入更大的成本，但是這些後期投入，卻不一定帶來更多收入。

陳韋霖建議，斜槓的作法不宜太過樂觀，尤其記得，在能力範圍內，先從小成本的做起，包括金錢及時間的投入。**「不要輕易的就全身投入，跳到另一個全新的領域，要慢慢的開枝散葉，才能分散不必要的風險。」**

即使一個人已經培養了多元的能力、學習了相應的知識，也有了實務的經驗，但踏入另一個新的領域及產業，仍然需要時間去適應，而這就是個風險；因為你不能確定你的選擇到底是不是對的，也不能完全確認你是否能適應新的事業或生活方式。

所以，不要輕易放掉原本擅長的專業及正在進行中的職業，然後直接跳進一個新的領域。最好是本業及轉型同時運行，不然輕易放掉原本還算穩定的工作，若要再回頭是很困難的。

如果環境許可，就先嘗試一下新的事物及領域，同時維持以既有工作為主的兩線操作，會比較保險。

• 經營斜槓，是一種必須也必然的冒險

當你開始經營斜槓、在不同領域間游走時，一定會有人這樣告訴

你，「人生的路上不要東張西望，你應該要專心經營一個事業，而非想著得隴望蜀。」

然而這世界的變化實在太快，也許昨天你還在努力工作，今天接到通知要你去辦公室打包走人。其實，太過專一也會是一種風險，有時候你明明經營很好的項目或事業，卻下一秒就變盤；如果沒有做好打帶跑、隨時改變的準備，當事情一發生會很辛苦。

雖然改變是一種冒險，但是不改變會是更大的風險；風險幾乎無所不在。那麼，你做好準備去面對最差的狀況嗎？你有Ｂ計畫去面對可能的變動嗎？

不論人生或職場，不確定性並不等於高風險，斜槓的人生原本就是一種突破式的經營，沒有冒險，又如何能突破？你應該做的是，在自己能承受的風險下，以最低的成本投入，做好任何時段都能轉型的準備。

在經營斜槓生涯的經驗中，陳韋霖深深感受到，**經營人永遠比經營項目重要**。「無論你斜槓的方向是經營抽象的東西、還是具體的產品，重點還是放在經營「人」上面，把人經營好，才是勝敗關鍵；所以培養溝通、演說、分享、及引領的能力是很重要的，當無論你做什

麼，都會有人跟隨你，那麼恭喜你，你所經營的斜槓已經成功了！

陳韋霖 小檔案

國家考試合格 證券分析師

國家考試合格 期貨分析師

絕活私董會 聯合發起人

創富教育 授證講師

中華健言社合格 認證講師

金融月刊期權 專欄主編

社群營銷 講師

《LINE 社群營銷實戰寶典》
暢銷書作家

15

每個今天
我都要比昨天的自己進步

斜槓篇 — 陳詩元

陳詩元這樣形容自己，「我來自一個普通家庭，我的爸爸媽媽是在市場賣東西的攤販，我只是個普通人」；不一樣的是，陳詩元的父母賣的不是雞鴨魚肉或蔬果，他們賣的是一些比較新興的產品，像是電器、瓦斯爐、果菜汁機、廚具這一類讓大家生活更便利的新東西。

因為從小就到市場幫忙，更因為父母經營的產品需要以更深入、更生動的方式向客人介紹，耳濡目染下，陳詩元培養了喜歡交流、喜歡接觸人、喜歡交朋友的性格。也因為這樣的人格特質，在退伍後，他就開始從事業務工作，到現在足足已經 23 年。

因為在五專學生時代時讀的是電機科，陳詩元的第一份工作就是擔任 IT 產業（Information Technology）的業務，他賣的是電腦周邊產品，像是滑鼠、喇叭這類的東西。他每天跑的是電腦實體店面跟門市，

他說，雖然每家店的經營方式不同，但服務一定要做到最好，不然說真的，客人到光華商場買東西就好了。

「我學到一點，服務就是最好的溝通工具；把客戶的事當成自己的事，幫他們解決問題，這就是服務的真諦」，這份體悟與心得，一直存在於陳詩元的生命中。

後來陳詩元還從事過推廣網頁設計跟網站架設的工作，那也已經是二十年前的事；久遠以前，陳詩元就已經預見，網路事業在未來將主導人類生活，二十多年之後，也證明他當年的眼光是正確的。

● 總能掌握產業變動趨勢

也因為在很早期的時候，陳詩元就接觸了網路產業，他更進一步的發現，在網路的世界裡，防毒軟體是不可或缺的；於是他比其他人更早看到資訊安全這個領域的需求與商機，毅然決然的投入資安產業，轉行到一家外商防火牆軟體的大中華區代理商公司，專職推廣這項業務。

由於產品的優異性及陳詩元的努力，陳詩元做得相當成功，他曾經進入總統府、立法院、考試院、甚至國家考試中心等國家重鎮，向

主管資訊安全的政府部門做簡報；他也曾經向郵政總局、中華電信等大型機構介紹公司特色、產品優點及服務。

「在那段日子，雖然一些政府機關及大型企業已經看到防火牆（Firewall）的重要性，但他們並不了解防火牆的運作，也不很了解這項產品能帶給他們多少保障」，陳詩元回憶道，「而我是一個開創性格很強的業務人員，我必須做好每一次上台的簡報，把產品介紹到最清楚，並設法帶給客戶最深刻的印象，因為客戶不會給你第二次機會。」

而後，陳詩元離開了這家軟體公司，到一家美商公司工作，雖然同樣是擔任業務主管，但卻是朝向層次更高的電子產品，例如 IC、被動元件、記憶體等等。光是靠著一支電話，陳詩元協助公司，從亞洲區零買家、擴展到後來有三百家以上的客戶，其中還包括了中國的聯想電腦及 TCL 集團。

電子產業的變動極為快速，跳槽跟轉職是個常態，後來陳詩元又被一家台灣科技上市公司聘任，將業務推廣到全世界，而這次的產品是 3C、電腦、及高階伺服器的散熱模組。他主要的客戶是韓國三星電子，不論手機、平板、或筆電，都是透過陳詩元接洽、並且採購他們

公司的產品。陳詩元甚至奉派至海外如韓國、中國、越南、日本、新加坡、最遠到芬蘭去拜訪客戶。

● 一夕間賠掉百萬的投資領悟

在這家公司工作了 13 年，雖然已經是主管職，但是身具挑戰性格的陳詩元始終覺得，他還是需要突破，而不只是滿足於堪稱「小康」的收入。在他投入職場的這二十多年，他一直同時在積極研究投資，包括基金跟股票……。在過去的九年內，他每年都有賺到錢，但就在去年，由於 Covid-19 疫情造成的市場衝擊，卻讓他一個月內在股市損失了 100 萬元！

他不禁開始思索，雖然前年他賺了一百萬，但去年在一個月內就賠了一百萬，這是怎麼了？他告訴自己，應該要改變自己的投資策略，應該要打破以前的投資觀念，應該更深入的去學習新的東西……。

於是陳詩元下定決心，花了整整一年半的時間，跟隨超過十位以上的老師學習理財，學習去運用二十種以上的投資工具，並選定其中十多種作為投資標的，他也建立了一套多元被動收入系統，並且實際去操作，證明這套系統是成功的。

在這段學習與實踐的過程中，陳詩元發現了一件極其重要的事，占社會大部分比例的受薪階級，他們只知道依靠勞力跟腦力賺錢，且對此深信不疑；而極少部份的高資產階級，他們卻是靠錢去賺錢，依靠制度賺錢，因此累積財富的速度如此快速。當然，通常有錢人都不會告訴你這個「祕密」。

陳詩元開始覺得，跟自己一樣的廣大勞工朋友們，一定也需要財務管理及投資的知識及工具；他起心動念，決定把自己所學分享給大眾，他花了一整年的時間整理學習心得，埋首寫下他第一本投資理財專書──《全集中！財富自由的呼吸法！》，已於 2021 年 10 月問世。

「我寫書，不是為了賺錢，我花了幾十萬元去上課，又花費幾十萬元自費出版，而大家都知道，現在寫書根本賺不了錢。」陳詩元只是希望借助書本的傳播力量，能幫助更多的社會大眾參透投資奧義，能跟他一樣，在投資理財的路上逆轉勝。

• 助人是不變的人生信念

從小以來，付出、服務、與幫助別人，一直是陳詩元人生中的一個信念，他是這麼說的，「我曾經思考，什麼是生命的意義？我們活

在這個世界上，一定都有我們的使命，那我這個靈魂，究竟是因為什麼而有價值？」

因著陳詩元是位基督徒，他認為，他接受到了神的愛，於是了解了，「愛」就是一切問題的解答。

在 11 年前，陳詩元就透過世界展望會，在非洲衣索匹亞認養了一個女兒 Egoye，當陳詩元第一次看見這個女孩，他忘不了那一幕，小女孩的表情是如此悲傷無望；但在陳詩元認養她的一年過後，他看見女孩的頭髮變長了，且臉上洋溢著燦爛的笑容。因為陳詩元的認養，Egoya 不只能上學，陳詩元資助的費用，還成為了 Egoya 全家人的每月飲食費用。

「我心想，在我活著的時候，只要我每月少吃一頓大餐，就可以幫助一個家庭在地球的另一邊過著更好的生活，這是不是一種浪漫？」未來陳詩元還希望在女兒的國家蓋一所希望小學，希望可以幫助更多其他無法上學的孩子們，改變人生，但這可能也不是他一個人的力量就足夠，還是需要大家的付出。

也因為陳詩元一直以來堅持的「幫助」與「服務」的信念，在理財及投資的領域裡面，他還期待能跟大家分享更多；在寫書的這段過

程中，一位已是理財名師的朋友，在舉辦講座詩，就特別邀請陳詩元去分享自己的投資經驗，不只受到熱烈的歡迎，學生也感覺真正學習到東西。

於是，陳詩元從 IT 產業，到高科技業，到作家，這時候職場生涯又一次的斜槓，成為一位講師。

• 期許自己成為一位生命的講師

但陳詩元並不覺得自己有什麼了不起，他覺得自己跟絕大多數從事業務工作的朋友一樣，只是一個領薪水的人；真的要說有什麼不同，那就是「莫忘初衷」吧。

午夜夢迴，陳詩元從不忘期許自己，要能跟當初步入職場的時候一樣，一直是個懷抱著熱情、天真、認真、努力、誠懇的業務人，而不要因為歲月的摧殘、業績的壓力，成為一個把本事壓著藏著、內心城府很深的「老狐狸」或「老油條」。

「在工作上我原本就很願意分享，在這個同理心下成為講師，我能夠分享的人，就更多了。」學生的進步，陳詩元一一都看在眼裡，這讓他覺得非常開心；他覺得，當講師是一件非常快樂的事，不但可

以分享自己所學，為了有效解決學生們的問題，自然就得學習更多的相關知識，包括跨產業、跨領域的研究。陳詩元覺得，這樣的教學相長非常有意義。

如同人生一直堅持的信念，陳詩元不只希望自己成為一個能夠教授知識與技能的講師，更希望帶動更多的人來分享，分享自己所學，分享自己所得，「當我們的收入及生活都改善了，是不是我們還可以幫助更多的人，也能有個可以期盼的未來，就如同我領養的衣索匹亞女孩 Egoye。」

陳詩元更期待自己能成為一位好的生命講師，在未來影響更多人的生命。

• 疫情下的世界，我們正面臨一場淘汰戰

能在劇烈變動的 IT 及科技業中翻滾 23 年，到目前還能很成功的勝任業務一線主管的工作，這是非常不容易的事。從一開始入行就看到網路及防毒軟體的商機，到後來走向更先進的客製化硬體產業，陳詩元總是看得比別人遠，動得比別人快。

陳詩元指出，在疫情爆發以後，世界有了劇烈的改變，而且，這

樣的改變已經回不去了。我們看到許多百年大型企業的衰敗，在台灣，我們更看到許多老店收掉了，許多人正在失業、或處於失業的邊緣……

陳詩元看到的是，這些企業或員工不見得是沒實力，而是適應力不夠；疫情造成的最大變化，就是減少了人與人的接觸，甚至接近完全隔離的「零接觸」。面對這樣的現象，企業或個人的經營如果不能做出更具彈性的調整或更動，那只好等著被大環境淘汰。

我們現在面臨的是市場的淘汰戰，從業務的經營觀點來看，意思就是把行銷的工作拿回給自己，而不是交給別人。以餐飲業為例，以前的口碑是靠口耳相傳，但是現在客人沒辦法上門了，怎麼辦？那就應該自己來經營，例如經營自己的社群網站，在自己的社群中行銷自己，鼓勵餐點外帶，或者結合外送平台，維持甚至擴展客源。

對很多老店而言，他們並不太認同這種打破框架的作為，也許他們不是不懂，而是他們不願意改變，甚至寧可選擇暫時蟄伏。他們或許不夠了解現在市場的波動有多大，消費習慣改變了多少，或許哪天等他們回歸市場的時候，要花更大的成本跟力量來搶回市場，或者根本上就已經被市場淘汰了。

陳詩元這麼認為，**未來的世界，成功的人未必是能力最強的人，但必然是適應力最強的人。**

• 想好了，就努力去做

正因為陳詩元一直面臨到的職場環境，就是高強度的業務工作，因此失敗就是他最好的老師，困難正是他成長的養分；但他也不諱言，就是在這樣的高壓及產業環境劇烈變化之下，才讓他有了改變的動力。

在去年，他原本只是一個拿薪水的上班族，也受到疫情影響，成為失敗的投資者；但這並沒有打倒他，反而讓他更努力的去尋求生命的另一條出路，那就是學習轉型，也就是「斜槓」。

「我的投資失敗了，沒關係，我再學習，然後找到新的路」，陳詩元這樣經營自己，在工作之餘，陳詩元硬是抽出間去跟許多老師學習，自己也努力將所學實踐在現實世界的投資上，相互印證。這段時間很辛苦，但是值得。

「我想，做業務也會做到一個盡頭吧，那為何不趕快經營自己，而疫情正是最好的時機」，陳詩元想好了，以他超級業務等級的行動力，想好了，就努力去做。

他決定學習重新理財，在這個過程中，他認識了很多的老師、同學、跟朋友，也與大家分享彼此的理財觀念及投資標的，這豐富了自己的知識及能力。他也因緣際會的加入台灣最大的天使投資集團，成

為他們的投資人及合夥人之一。

他決定把學習到的課程及心得寫成一本書，在這個的過程中，他不只分享自己的投資經驗，同時也成為區塊鏈及其他投資類別的專家及講師。

在他授課的過程中，他寫的書都還沒出版，就已經有很多學員跟他訂書，但是陳詩元發現他沒有辦法開發票給學員們，於是他成立了自己的公司──「天使亞倫」（他的英文名字是 Aaron），希望這家公司能為人們帶來希望，也能像天使一樣成就大家。

在公司成立後，秉持打破既有框架、互相成就的想法，陳詩元也開始經營自媒體，成為企業專訪主播，除了台灣企業，現在也有韓國公司及一些位於東南亞的企業在尋求合作。

「多想是重要的，想多了才會避免風險，但是想好了就要努力去做。每天只是想，那叫做原地踏步，浪費時間，」陳詩元說。

• 心在，斜槓的路就在

從科技業的成功業務人員，陳詩元在短短一年多的時間裡面，斜槓成為講師、作家、投資合夥人、企業主、以及企業專訪主播，這樣的變化是極為巨大的，他又是怎麼做到的呢？

陳詩元引用一句英文諺語，「Where is the will, there is the way. （當我們有心，就會有路。）」；他更進一步擴充，「**心有多遠，路就有多遠；心有多寬，路就有多寬。**」

人生的困難及挑戰永遠都在，但陳詩元認為，只要我們有突破現況的想法，下定決心，並且找到學習的方向和突破的方法，並且堅持這樣的心志，就能走向改變人生的道路。

這也是為什麼，陳詩元能在短時間內建立自己的多元收入系統，同時又能擴充自己的人脈，扮演不同的角色。很多時候，能力、人脈、機會是堆疊出來的，只要我們堅定意志，持續前進，就會看見很多不一樣的風景和未來。

而陳詩元也告訴大家，在面臨轉型的時候，很多朋友不知道怎麼開始，他特別指出，學習就是最好的開始。陳詩元並以自己為例，投資理財並不容易，如果賺錢那麼簡單，那麼又是誰在賠錢？不透過學

習，那自己怎麼知道投資失敗的根由在那裡，又該如何改變？

很多人都希望把自己的興趣，轉變成為可以有收入的事業，那麼我們可以先思考，我們的「興趣」如果成為「專業」，可以幫助自己什麼？又能幫助多少人？或者對社會有什麼貢獻？

以這樣的思維想法作為基礎，多讀相關書籍，多跟隨好老師學習，多交新朋友，多向成功人士看齊，我們就可以在別人的成功之路上，走出自已的自由之路。

• 能力的養成，是長久沉浸的過程

即使努力學習，也努力去培養了多元的能力，但要在新的領域及產業成功，適應力會是關鍵。陳詩元覺得，要適應新的能力跟新的領域，就是讓自己的心態及目標，完全的沉浸在那個環境裡面。

沉浸是一個過程，必須以更用心的態度去學習，並且抱著破釜沉舟的決心，才能順利的把自己的生活態度及生命目標轉換到新的領域裡。適應不是要你拋棄過往的一切，而是適度的捨棄，把多出來的能力及時間，用來經營新的生活。

在這樣斜槓的歷程中，經營多元化的生涯必然有所得失，陳詩元

自己就犧牲了很多，包括自己的娛樂時間，甚至與家人的相處時間也常常得犧牲掉；然而他並不後悔，**「因為現在的付出，是為了未來的自由。」**

在陳詩元的心態中，不管是遭遇困難或失敗，都是人生必經的學習過程，因為那不是真的失敗，我們只是為了未來的成功在適應、在進化。斜槓的生涯非常有趣，多采多姿，往往也會激出不同的生命火花，陳詩元與大家共勉，只要有心，就必有路。

無論是寫書或當講師，陳詩元希望幫助社會大眾參透投資奧義，在理財路上逆轉勝。

陳詩元新書《全集中！財富自由的呼吸法！》於 2021
年問世，集結 8 大理財名師精華。

更多作者資訊：

　購買表單　　　博客來

陳詩元 小檔案

上市科技公司 業務經理

天使亞倫有限公司 執行長

MBC 天使俱樂部 天使投資人

亞太區塊鏈應用推廣協會 理事

IMB 臺灣金隆科技 策略合作伙伴

Pionex 派網 城市經理人

魔法講盟 區塊鏈認證講師

eToro 明星投資人申請

贏在轉型力
後疫情時代與數位化的 15 個人生啟示

作　　　者／勵活課程講師群
企畫與統籌／黃聰濱、林易璁
美 術 編 輯／申朗創意
責 任 編 輯／吳永佳
企畫選書人／賈俊國

總　編　輯／賈俊國
副 總 編 輯／蘇士尹
編　　　輯／高懿萩
行 銷 企 畫／張莉滎・蕭羽猜・黃欣

發　行　人／何飛鵬
法 律 顧 問／元禾法律事務所王子文律師
出　　　版／布克文化出版事業部
　　　　　　台北市中山區民生東路二段 141 號 8 樓
　　　　　　電話：(02)2500-7008　傳真：(02)2502-7676
　　　　　　Email：sbooker.service@cite.com.tw
發　　　行／英屬蓋曼群島商家庭傳媒股份有限公司城邦分公司
　　　　　　台北市中山區民生東路二段 141 號 2 樓
　　　　　　書虫客服務專線：(02)2500-7718；2500-7719
　　　　　　24 小時傳真專線：(02)2500-1990；2500-1991
　　　　　　劃撥帳號：19863813；戶名：書虫股份有限公司
　　　　　　讀者服務信箱：service@readingclub.com.tw
香港發行所／城邦（香港）出版集團有限公司
　　　　　　香港灣仔駱克道 193 號東超商業中心 1 樓
　　　　　　電話：+852-2508-6231　　傳真：+852-2578-9337
　　　　　　Email：hkcite@biznetvigator.com
馬新發行所／城邦（馬新）出版集團 Cité (M) Sdn. Bhd.
　　　　　　41, Jalan Radin Anum, Bandar Baru Sri Petaling,
　　　　　　57000 Kuala Lumpur, Malaysia
　　　　　　電話：+603- 9057-8822　　傳真：+603- 9057-6622
　　　　　　Email：cite@cite.com.my
印　　　刷／韋懋實業有限公司
初　　　版／2022 年 02 月
定　　　價／350 元
Ｉ Ｓ Ｂ Ｎ／978-986-0796-93-3
Ｅ Ｉ Ｓ Ｂ Ｎ／978-986-0796-94-0（EPUB）

城邦讀書花園　布克文化
www.cite.com.tw　www.sbooker.com.tw